日本觀光列車80選

套裝行程
精選特輯

谷崎龍／著

人人出版

Map Index 本書刊載的80款列車

三廄
大湊
津輕中里
津輕五所川原
青森
弘前
八戶
久慈
網走
知床斜里
旭川
富良野
標茶
釧路
秋田
盛岡
宮古
花卷
釜石
象潟
盛
酒田
氣仙沼
新庄
小牛田
山形
仙台
坂町
新潟
新發田
米澤
新津
福島
喜多方
會津若松
郡山
長岡
會津田島
穴水
和倉溫泉
直江津
糸魚川
十日町
冰見
宇奈月
南小谷
妙高高原
越後湯澤
東武日光
鬼怒川溫泉
高岡
泊
欅平
金澤
富山
長野
湯田中
水上
間藤
下今市
城端
輕井澤
橫川
桐生
茂木
松本
小諸
高崎
下館
北濃
熊谷
本川越
三峰口
西武秩父
西武新宿
取手
池袋
小淵澤
兩國
銚子
惠那
大月
東京
五井
美濃太田
河口湖
橫濱
名古屋
明智
井川
養老溪谷
千頭
熱海
大原
新金谷
安房鴨川
和田浦
伊勢市
伊豆急下田
賢島

觀光列車
乘車報導
Ⅰ

於西九州地區登場的
豪華款待列車

雙星4047

行程 有明海路線（上午班次）**武雄溫泉 → 長崎**

※武雄溫泉、長崎以外為中途停靠站

雙星4047的行駛路線

「雙星4047」於2022年9月23日起行駛武雄溫泉～長崎區間，沿著上、下午班次不同的路線（「雙」行駛路線）繞行西九州地區一周。搭乘自武雄溫泉發車的上午班次，享受在新型D & S列車上的時光吧。

列車為白色車身搭配金色線條。於鄰接新幹線與在來線月台的武雄溫泉站等候出發

上午班次10時22分自武雄溫泉發車。搭乘8時54分自博多發車的接力海鷗號，可以接著轉乘此班列車

觀光列車獨有的、勾起旅遊玩心的車頭銘板。「4047」出自車廂型式的KIHA 40、KIHA 47

與同日開業的西九州新幹線（武雄溫泉～長崎區間）行駛相同區間。相較於行駛內陸的新幹線，雙星4047行駛的是面海路線

簡易桌收納在可調式座椅的扶手

3號車的車端處有面向窗外的吧檯座

車廂內充滿了木質溫暖格調。1號車有可調式座椅及雙人沙發座

1號車還設有2區附桌子的對坐式座位

中間的2號車為「Lounge 40」。整輛車廂為共享空間，是設有沙發和面窗吧檯座的奢華休憩廳

能舒適放鬆的沙發座。窗戶遮陽簾採用組子細工的純日本風裝飾

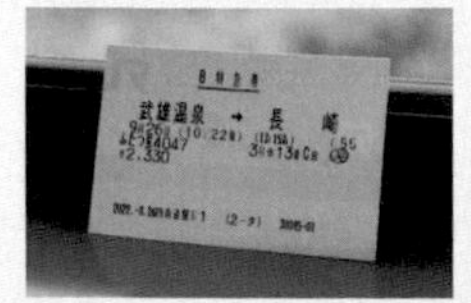

登場第4天的「雙星」對號座券。1個月前發售便隨即客滿

精心設計的內部裝潢也頗有趣味。車內的號車標示為優雅的金色設計

處處可見點綴著「雙星」的奢華裝飾

使用有明海海苔及佐賀牛製作的豪華便當

車內能買到位於武雄溫泉的「懷爐堂」所製作的「雙星4047」原創便當。有能品嘗壽喜燒風味佐賀牛的海苔便當「4047便當」、奢侈的雙層「特製雙星便當」這兩種。

※僅上午班次販售。需在3個營業日以前至網站預約。

▶配便當的「雙星嬉野冷茶」（500円）。茶葉品種是被譽為天然玉露的「朝露」，僅使用在嬉野市專門茶園採收的茶葉

▼「4047便當」（左／1600円）與「特製雙星便當」（右／2800円）

Lounge 40實施上、下午班次有所不同的「體驗菜單」。上午班次是佐賀海苔的試吃體驗（自多良站發車後約20分，費用1000円。先到的12名旅客）

由3輛車廂組成，1、3號車為普通車對號座，2號車是名為「Lounge 40」、作為共享空間的休憩廳車廂。由經手諸多JR九州觀光列車的水戶岡銳治負責設計。使用木、銅、鈦等各種素材的細緻裝飾散布其中。

將西九州新幹線車程最短23分的區間，花上約3小時的時間悠悠哉哉地行駛。

以各種款待照料列車之旅的車勤服務員

雙星4047的紀念乘車證。有三種印章重疊蓋印的專用印台

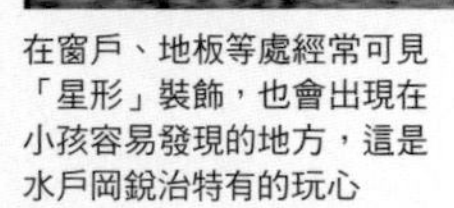

在窗戶、地板等處經常可見「星形」裝飾，也會出現在小孩容易發現的地方，這是水戶岡銳治特有的玩心

設置了大型櫃檯桌的列車簡便食堂，會販售沿線「美食」和列車的原創商品

路過 停靠時間長達17分鐘

上午班次在肥前濱站會停靠17分鐘，是行程當中停留最久的一站。這裡是距離釀酒業興盛之地 ── 肥前濱宿最近的車站，在站舍附設的日本酒酒吧「HAMA BAR」能夠試喝比較鹿島市的美味地酒。還有販售下酒小菜和地區特產。

鹿島市的形象吉祥物「鹿島丸」手持乘車紀念看板迎接來客

車站附設的日本酒酒吧「HAMA BAR」選出的當地銘酒

烤海苔、橘子汁、純米大吟釀等當地名產在月台陳列

肥前濱宿名產「笹雪豆腐」（豆漿甜點）和「現炸的一口炸豆腐」（皆200円）

復原1930年建築當時樣貌的復古木造站舍。內有鹿島市觀光協會的觀光服務處

上、下午班次在部分車站皆設有5～15分鐘左右的停靠時間，月台有販售地區特產，以及來自當地人的迎接款待。

眺望有明海與大村灣這兩片海洋，自武雄溫泉出發約3小時後會抵達終點長崎。隨著新幹線開業通車，車站前也在進行重新開發，城鎮跟著熱鬧起來了。

今後有各種「雙星」與西九州新幹線搭配的路線可供選擇，也相當吸引人。

寫著「好事多多車站」的多良站月台，設有祈求使用者幸福的「幸福之鐘」。可以趁著7分鐘的停靠時間去敲鐘

在眺望有明海的小長井站停靠6分鐘。有明海有著日本第一的潮差，隨著時間變化會展現廣大的潮間帶

從小長井站的跨線橋望見的景觀也十分出色。天氣好的時候能望見對岸的雲仙普賢岳

一過諫早站，右車窗外便是廣闊的大村灣。由於海浪平靜，也被稱作「琴海」

自武雄溫泉出發約3小時，抵達終點長崎。從高架月台的尾端處可以眺望長崎城鎮

Contents

東北

關東

中部

近畿

中國

四國

九州

觀光列車
乘車報導
2

「優雅嶄新」對比「懷舊昭和」感受兩極的鐵道旅行

雪月花號+觀光急行

行程

越後心動度假列車 雪月花號：上越妙高 10:19 → 糸魚川 13:16

觀光急行2號：糸魚川 13:42 → 直江津 14:31

觀光急行3號：直江津 15:03 → 糸魚川 15:51

觀光急行4號：糸魚川 16:40 → 直江津 17:08

雪月花號的行駛路線。會特別在景色優美的上越妙高～妙高高原區間重複行駛

從超大車窗眺望著富有戲劇性變化的景色，度過3小時奢華時光的「革新」列車；以及能喚起中高齡者緬懷過去，令年輕族群遙想昭和之旅的列車。搭乘這兩款觀光列車能盡情享受新潟的魅力。

對號座券為古早的硬式票券，直接當作旅途的紀念

行駛在也被稱作越後富士的妙高山山麓。銀朱色車身與山巒、田野、天空的顏色形成鮮明對比

雪月花號的紀念乘車證（正、反）。當日可憑證無限搭乘心動鐵道全線、特急、急行的自由座

「ALL新潟產」的車廂於2017年榮獲鐵道車廂新人獎「桂冠獎」。車身是以雪花、櫻花等象徵四季的標誌為設計

車窗

前往折返線的聖地

二本木是新潟縣唯一的折返線車站。能夠見到木造站舍、木製明隧道（防雪）等，有許多從明治到昭和初期的鐵道建造物（國家登錄有形文化財）。

二本木站有「款待隊伍」迎接來客。月台會販售當地產品等（僅上午班次。部分行駛日除外）

蓋在鐵路軌道旁的紅磚小屋。建於明治末期（1910年），過去用來保管列車內使用的照明燈燃料

在日本全國也很稀有的折返線車站。上午班次會在此停靠約20分鐘，有導覽員帶領迷你遊覽行程

從月台尾端可以看到折返線的軌道配線。正好往直江津的下行列車來了。列車左後方是有防雪明隧道的專用側線

1號車為面向日本海和妙高山側的休憩廳型座席。色調為越後杉木搭配豐盛果實的金黃色

所有乘客都能使用1號車尾端處的觀景高台甲板空間，享受前方與側面的寬闊景觀

位於豪雪地帶的妙高高原站，軌道線路之下有融雪溝。以無雪時期會有不知從何地游來的鯉魚而聞名

越後心動鐵道（以下簡稱心動鐵）為歷史悠久的舊國鐵路線，車窗外有日本海、妙高連峰等美景自眼前展開。

上午班次從上越妙高站出發後會暫時南下，路過海拔510公尺的妙高高原站。在此停留約10分鐘後，轉而朝日本海北上。雖是重複行駛於上越妙高～妙高高原區間，但有折返線的二本木站、妙高山美景等諸多值得一看的景點。從海拔500公尺的高原前往沿岸區域，氣候、植被與窗外景色的變化差距甚大。

還會提供在美景景點減速行駛的服務。中央微微高起的山是上杉謙信的居城所在地 — 春日山。周邊有許多與謙信有關的歷史古蹟

◀1號車的車門附近展示著沿線的工藝品等。設計成讓人好奇的「祕密觀察窗」風格

▲「觀察窗」中展示著在地伴手禮。車內商店有販售活用新潟縣燕市研磨技術的「輝清酒杯」

2號車尾端處的觀景高台甲板是最多可容納四人的租借空間，每組乘客需加收15000円。能實際感受車窗外鮮明動人的景色

美食

高雅洗鍊的新潟風味

出身當地的一流廚師構思設計的原創菜單。能嘗到使用新潟食材製作的道地料理。上午班次於二本木站發車後便是用餐時間。

本日料理是由上越市高田「Dúo CEREZO」所提供的「新潟豐富多彩珠寶盒全餐」。內有色彩鮮明的日、西、中式24種料理，宛如珠寶盒一般

餐後甜點為羅馬教皇訪日時曾享用的「教皇提拉米蘇」(雪月花號特別版)。「雪室咖啡」風味圓潤且無雜味

※菜單有四種，會隨行駛日更替

路過

新潟縣鐵道發源地——直江津

會在變換行進方向的直江津停靠13分鐘。列車自舊信越本線的「妙高躍馬線」進入舊北陸本線的「日本海翡翠線」。

「雪月花號」抵達的2號線月台立有以新潟為起點的0公里標記（真品在軌道線路旁）。設於直江津～新潟區間鐵路串通完成的1899年

老字號鐵路便當店山崎屋（HOTEL HEIMAT）會配合雪月花號的抵達時間，在直江津站販售懷舊的鐵路便當

直江津站為舊北陸本線的終點，自國鐵時代起便是鐵道要衝。心動鐵總公司也在此站

直江津站的「鱈魚飯」與「鮭魚飯」是著名的鐵路便當，都曾在JR東日本鐵路便當比賽中榮獲最高獎「鐵路便當大將軍」

車窗展現著海與山變化多端的鮮明景色，此即搭乘雪月花號的樂趣所在（有間川站）

暱稱為「日本海翡翠線」的直江津～糸魚川區間能眺望日本海美景（谷濱～有間川）

在2號車「櫻花休憩廳」有販售地酒、生啤酒等。地板鋪有新潟縣產安田瓦

為乘客提供餐食、甜點等，細心接待的車勤服務員

發給乘客的伴手禮。雪之香Terrace（軟餅乾）以及在「雪室」熟成茶葉的「雪室和紅茶」

還有可拿著列車看板的拍照服務

從直江津到糸魚川，車窗景色會從山岳風景一下子轉變為海岸風光。

山與海的極致美景搭配豪華餐點，真是名符其實的度假列車。

路過

在日本也算罕見的山岳隧道內車站

筒石站的月台上下兩線皆位在全長11353公尺的頸城隧道內。該隧道於1969年完成，過去行駛於海岸的舊北陸本線及筒石站便搬遷至此。「雪月花號」會在此停靠約10分鐘，並舉行迷你遊覽行程。

位於地下40公尺處的月台，就算在夏天也很涼爽。採單側月台錯開上下線的設計

將頸城隧道在挖掘時的斜坑轉作通道使用。從月台到出口有290級台階。彷彿在洞窟探險一般

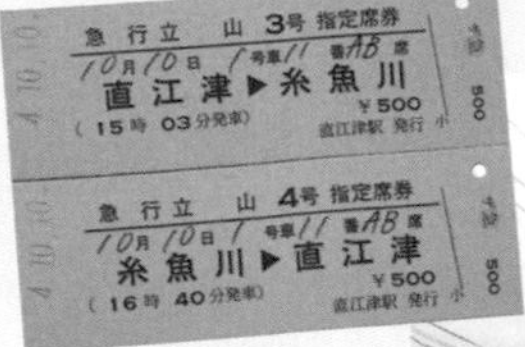

甜點行程的對號座券為硬式票券。本日由往年的急行列車「立山」行駛

急行2號會在有間川站停靠約8分鐘。留有國鐵時代的車頭銘板，正是昭和時代的風景。※中途停靠的車站視月分而異

2號車的MOHA412-6為無駕駛室的電動車。有8組對坐式座位等國鐵時代的風貌

古早滾動式的路線方向顯示機。在列車折返的直江津站、糸魚川站，能看見顯示機換幕（變更行駛方向）

雪月花號會在13時16分抵達終點糸魚川，從這裡搭乘留有濃厚國鐵時代色彩的觀光急行列車。此處運行的復古車廂是曾活躍於國鐵時代的長距離急行列車，能享受「昭和急行列車之旅」。

復古的「鐵道博物館」

在糸魚川站等候的時間，前往位於阿爾卑斯口1樓的糸魚川地質情報站「GEOPAL」（免費入場）。展示有以KIHA52打造的候車室，以及Twilight Express的復刻車廂。還有展示鐵道備用品、6m×7m的大型鐵道模型。

GEOPAL的入口為紅磚砌三連拱門，是將糸魚川站內檢修庫的一部分搬遷、復原而成

截至2010年為止，行駛在JR大糸線的國鐵一般色（朱紅色配奶油色）KIHA52。一旁的Twilight Express則重現了A臥鋪與食堂車廂內的模樣

搭乘觀光急行2、3、4號在糸魚川～直江津區間往返1.5次。3、4號是作為「甜點行程」供參加乘客搭乘。抵達直江津會超過17時。盡情享受心動鐵「新舊」列車的旅程。

能獲得觀光急行的紀念乘車證。其他還有「赤倉」、「立山」等各種版本

對坐式座位並排的3號車（2、3號車為自由座）。行駛時車內會販售與急行列車相關的各種「急行商品」

充滿鐵分（鐵道特色含量）的商品種類豐富多元。鐵道路線標示板（11000円～）與觀光急行列車所使用的一樣

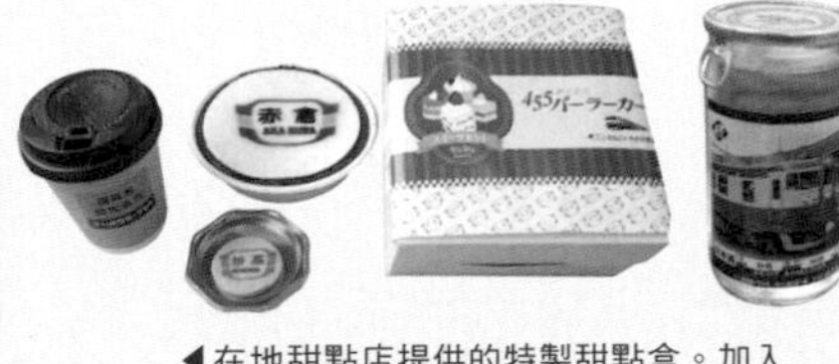

◀在地甜點店提供的特製甜點盒。加入車頭銘板設計的餅乾與蛋糕。咖啡杯上則有觀光急行的標籤

▶455系標籤的日本酒（妙高市的君之井酒造）當作伴手禮也非常合適

有間川站附近眺望日本海的視野良好。天氣晴朗時能看見北邊的佐渡島

懸掛在車廂內的廣告也在演繹昭和之旅。1970～1975年當時的懷舊內容

洗手台也是原汁原味的國鐵時代復古氛圍。車內充滿了懷舊感，能品味穿越時光的感覺

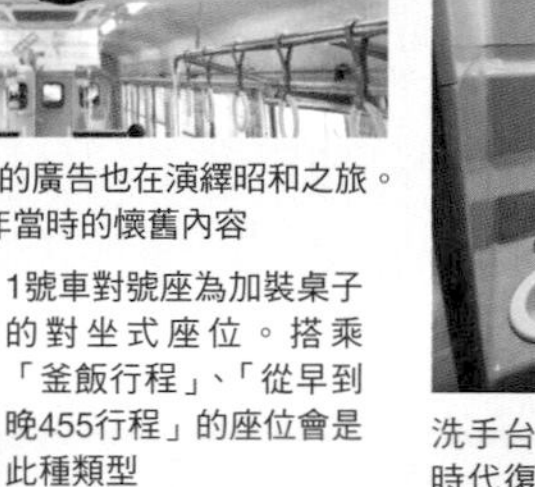

1號車對號座為加裝桌子的對坐式座位。搭乘「釜飯行程」、「從早到晚455行程」的座位會是此種類型

抵達直江津後，隨即在隔壁月台與定期列車進行聯結作業。運用紅、綠色旗子引導的昔日風景，是該行程最後值得一見的地方

觀光急行4號會於17時8分抵達終點直江津。站名板也是國鐵時代的樣式

觀光列車乘車報導
3

在日本全國大受好評的
四國人氣列車改裝登場

伊予灘物語

行程
伊予灘物語
大洲篇
松山 8:26 — 伊予大洲 10:28

伊予灘物語是JR四國「物語列車」的先驅，身為熱門觀光列車廣受粉絲歡迎，2022年4月起車廂從2輛改為3輛，裝潢也翻新後重新登場。搭乘首班「大洲篇」從松山站出發，享受風光明媚的伊予灘沿岸旅程吧。

在松山站等候發車。2號車「黃金之章」的車身顏色為表現太陽與柑橘類光芒的黃金色

車廂

全「綠色」的豪華車廂

以特急用車廂KIHA185系為基礎，改造成全綠色車廂的第二代伊予灘物語於2022年春季開始營運。外觀繼承了初代車廂的設計，而且為了使車身在夕陽下閃耀，JR四國車廂初次採用了金屬塗裝。

由八幡濱方向的先頭車1號車（KIRO185-1401）、2號車（KIRO186-1402）、松山方向的先頭車3號車（KIRO186-1403）構成的3輛車廂行駛

美食

堅持使用新鮮蔬菜製成的早餐

「大洲篇」的餐點是由松山市的洋食店「YOYO Kitchen」所推出的「品味早晨美好時光的旬彩早餐」。想要用餐需另購「餐點預約券」(販售只到乘車日的4天前為止。大洲篇為3000円)。

「烤鹽麴漬秋鮭」和「黃芥末燉伊予芋豚與甘栗」等，滿是外觀也很漂亮的鄉土料理

※菜單隨季節更換

列車的乘車口鋪有伊予灘物語專用地墊。車勤服務員會在一旁迎接乘客

砥部燒的洗臉盆。車內能看見許多愛媛縣的傳統工藝，亦為指定無形文化財的砥部燒作品

以伊予灘物語為設計的紀念乘車證。可在車內蓋紀念章

伊予灘物語的行駛日以週六日及假日為主，於松山～伊予大洲區間、松山～八幡濱區間各往返1班，且各班列車會有相應的名稱。

「大洲篇(松山→伊予大洲)」、「雙海篇(伊予大洲→松山)」、「八幡濱篇(松山→八幡濱)」這三班列車有使用當地食材等的供餐服務，「道後篇(八幡濱→松山)」則有提供下午茶服務。

※餐點內容可能變更

全車綠色車廂對號座，且2號車靠海側皆為吧檯座。
定員23名，空間舒適寬敞

和列車的圖像看板一起拍紀念照。溫暖
的款待服務也是該列車的魅力所在

3號車「陽華之章」。此車廂為可容納2～8名乘客的租借車廂。從面海桌能將風平浪靜的伊予灘盡收眼底

伊予灘的美麗景觀、車勤服務員與當地居民的款待、活用在地食材的美味料理……旅客自在地度過優雅的時光

予讃線在向井原站一分為二，而一過此站就會進入沿海行駛的「愛之伊予灘線」。伊予灘的海岸風景在窗外展開

鐵道沿線的居民朝著列車揮手，乘客也揮手回應。能感受到當地人們對鄉土觀光列車的熱情

制服設計雅緻的車勤服務員提供無微不至的服務

列車前往沿著向井原～伊予大洲區間海岸的「愛之伊予灘線」。

順帶一提，「愛之伊予灘線」在初代「伊予灘物語」開始營運前的2014年3月15日就獲得了路線暱稱。

是條充滿鄉土田園氛圍的在地路線，沿著伊予灘（瀨戶內海）海岸行駛10公里以上，四國數一數二的海岸風景自眼前展開。

車窗

歷史遺產 — 長濱大橋

一過伊予長濱站，就能在右手邊看見橫跨於肘川河口附近的長濱大橋。這座橋是日本最古老、至今仍在使用的活動橋，名列國家重要文化財。

建齡80年的長濱大橋。當地通稱為「赤橋」（伊予長濱～伊予出石）

在海風吹過、宛如伊予灘觀景台的月台上，車勤服務員為乘客拍攝乘車紀念照

眺望伊予灘的下灘站為本列車的亮點。下車至月台，雄壯的伊予灘自眼前展開

終點伊予大洲是留有往昔街道模樣的城下町，也是西伊予首屈一指的觀光勝地

從伊予大洲站的跨線橋能看見大洲藩加藤家6萬石的居城 — 大洲城

▲抵達伊予大洲站的伊予灘物語約30分鐘後會變成「雙海篇」，折返前往松山
◀扮成「大洲藩武士」的人在月台迎接乘客

路過

一覽伊予灘景色的月台

從松山站出發50分鐘後的9時15分左右，列車會抵達下灘站。大洲篇會在此停靠約10分鐘。月台位在眺望大海的高地，能飽覽展現在眼前的伊予灘景色。海風舒適宜人，許多乘客會下車享受各自漫步於月台的時光。

下灘站是常出現在青春18旅遊周遊券海報上的車站

奔馳繞行日本列島
各有特色的列車

近年來，設計別出心裁的觀光列車相繼登場
豪華座椅配上高級裝潢、美味餐點加上車窗美景……
種類豐富多元，充滿讓乘客感覺新鮮的創意心思
少年時期的暑假，搭乘火車遠行時懷抱的興奮感
觀光列車讓人憶起在那令人懷念的旅程中高昂的情緒

本書將日本全國80款觀光列車分成八個區域介紹
象徵當地特色的觀光列車也是各地區的家鄉驕傲
列車朝高速化邁進的同時，鐵道旅行的樂趣也更加豐富
試著踏上「以搭乘觀光列車為目的」的旅程也很不錯
若本書能成為各位讀者出遊的契機，實屬榮幸之至

北海道

1. 釧路濕原慢車號
2. SL冬季濕原號
3. 流冰物語號
4. 富良野・美瑛慢車號

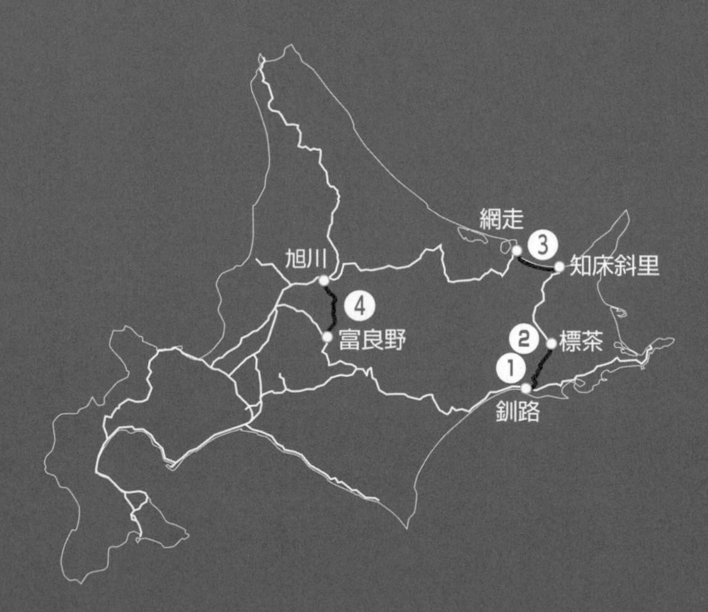

釧路濕原慢車號

區間 釧路～塘路（釧網本線）
距離／所需時間 27.2km／約45分
車廂 4輛（慢客車）＋DE10型機關車
行駛日／班次 4月下旬～10月中旬／往返1～2班 ※行駛日需至JR北海道官網確認
費用 乘車券640円（釧路～塘路）＋對號座券840円（也有自由座）
洽詢處 011-222-7111（JR北海道電話服務中心）

國鐵時代的柴油機關車DE10型為牽引動力。掛著繪有北海道形狀插圖的車頭銘板。能看見水楢原生林等原始的大自然美景

列車沿著蜿蜒的釧路川行駛。有時河川上會出現順流而下的獨木舟

行駛於道東大濕原的小火車

行駛在釧路濕原的觀光小火車，夏季時幾乎每天都有班次。以時速約40公里的速度緩慢行駛，在觀景景點還會再減速。能盡情享受北海道的壯麗景色。

由4輛車廂構成，僅1號車為一般車廂（自由座），2～4號車廂為「慢車車廂」（對號座）。慢車車廂有六人對坐式座位，以及朝向側面的長凳座

美食・伴手禮 慢車號車內的商品

2號車的櫃檯有販售輕食與原創商品。由於車內沒有販售便當，有需要的話得事先在釧路站等處買好。

當地法式餐廳特製的「慢車號布丁」（360円）

新發售的車內限定商品「笑顏費南雪」（250円）

釧路濕原慢車號原創玩具車（1000円）

※照片為示意圖

能看見分隔釧路川與人工河川新釧路川的新舊「岩保木水門」。前方為新水門，在更遠處能看見的四角形建築為1931年建造的舊水門（遠矢～釧路濕原）

釧路濕原～細岡～塘路區間正是濕原景觀的亮點。在對坐式座位（西側）能看見釧路川。慢車車廂的地板有稍微加高，視野良好

終點塘路站靠近划獨木舟的出發地點，車站前有獨木舟店。在小木屋風格的站舍內有咖啡廳「ノロッコ＆8001」在營業

日本最大的濕原 — 釧路濕原，據說其範圍相當於山手線內圈。這裡的水之所以呈現褐色，與濕原植物長年堆積在河川底下形成泥炭有關。直到大約6000年前為止，這一帶都還是海洋。

路過

壯麗的大自然就在眼前……

釧路濕原站是前往細岡觀景台的交通車站，於1988年作為臨時車站開業啟用。之後成為正式的常設車站。

想輕鬆走訪觀景台的話，推薦在該站下車。

白樺與合花楸混生林環繞的釧路濕原站。月台僅有單側，站舍打造成小木屋風格

僅棲息於北海道的蝦夷鹿。能從車窗看見丹頂鶴跟其他野生動物也是魅力所在

從車站步行10分可至細岡觀景台，看日本最大的濕原自眼前展開。附近的細岡遊客休憩廳也有商店和咖啡廳區

2

JR北海道

SL冬季濕原號

行駛於極寒釧路濕原的蒸汽機關車

區間 釧路～標茶（釧網本線）

距離／所需時間 48.1km／約1小時30分

車廂 5輛（14系、43系、44系）＋C11型171號機關車

行駛日／班次 主要為1月下旬～3月下旬／往返1班

費用 乘車券1290円（釧路～標茶）＋對號座券1680円

洽詢處 011-222-7111（JR北海道電話服務中心）

1～3月的冬季限定列車，是釧路觀光的冬季代表性景色。全車對號座，14系的舊型客車設有使用煤炭燃料的暖爐

3

JR北海道

流冰物語號

鄂霍次克海的流冰觀景列車

區間 網走～知床斜里（釧網本線）

距離／所需時間 37.3km／約1小時

車廂 2輛（KIHA40型）

行駛日／班次 1月下旬～2月下旬／往返2班

費用 乘車券970円（網走～知床斜里）＋對號座券530円（也有自由座）

洽詢處 011-222-7111（JR北海道電話服務中心）

於流冰靠岸的1月～2月行駛的冬季限定列車，是日本唯一能從車窗看見流冰的列車，行駛於網走～知床斜里區間（釧網本線）

4

JR北海道

富良野・美瑛慢車號

行駛於十勝山麓的小火車

區間 旭川、美瑛～富良野（富良野線）

距離／所需時間 54.8km（旭川～富良野）／約1小時30分

車廂 3輛（慢客車）＋DE15型機關車

行駛日／班次 6月～9月的週六日、假日（6月下旬～8月下旬為每天）／往返3班

費用 乘車券1130円（旭川～富良野）＋對號座券840円（也有自由座）

洽詢處 011-222-7111（JR北海道電話服務中心）

6月到9月期間限定，行駛於富良野線的觀光小火車。能享受十勝岳連峰的廣大景色，以及顏色鮮明的花田、菜田風光

東北

5 TOHOKU EMOTION號
6 海里號
7 FruiTea 福島號
8 Resort 白神號
9 暖爐列車
10 SL 銀河號
11 座席展望列車

車身外觀以義式餐廳為意象，採用石牆堆砌的圖案設計。列車整體為「餐廳空間」

行駛在眺望太平洋的八戶線。能盡情享受美食、藝術、景色等各種魅力的奢華移動空間

5

JR東日本

TOHOKU EMOTION號

區間 八戶～久慈（八戶線）

距離／所需時間 64.9km／約1小時50分

車廂 3輛（KIHA110系）

行駛日／班次 週六日、假日等／往返1班

費用 附午餐全餐（往程）8600円～、附甜點自助吧（返程）5100円～

洽詢處 03-6231-7389（「愉快列車」客服中心）

1號車的座位為隔間包廂（7間）。隨處可見以東北各地傳統工藝為主題的室內設計。牆面織品為「刺子織」（福島）風的裝飾

行駛於三陸的「餐廳列車」

列車由3輛車廂構成，設有隔間包廂、實況廚房、開放式餐廳，空間寬敞舒適。

全車座位是作為VIEW旅遊產品來販售，可在列車上享受人氣主廚精心製作的午餐和甜點。

車內配置圖

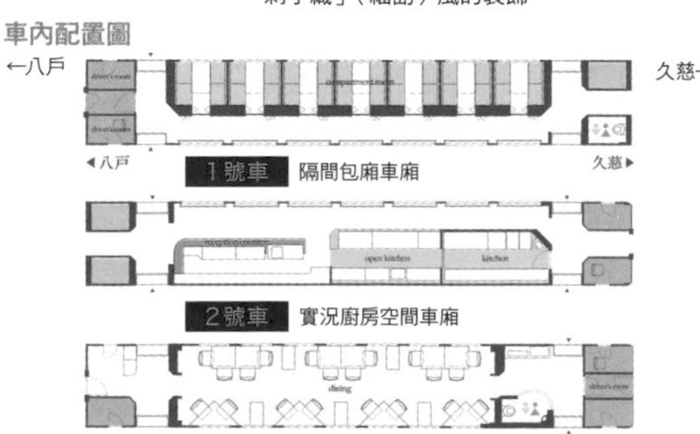

照片由JR東日本盛岡分公司提供

2號車為實況廚房空間車廂。可以在開放式廚房親眼觀看烹調的模樣

3號車為開放式餐廳車廂，確保座位空間寬敞舒適。照明裝飾以「琥珀」（岩手）為主題

美食 在車上享受「美食馬戲團」

從八戶發車的往程提供「午餐全餐」，從久慈發車的返程則供應「甜點&下午茶」。該列車的原創菜單使用東北食材，並由實況廚房負責上餐。

●午餐全餐（往程）

啤酒、白酒、紅酒、無酒精飲料、咖啡&紅茶全部免費供應。負責的主廚每年會更換2次，菜單內容則是每年更換4次。

「魚料理」為油煎真鯛佐奶油蕈菇湯

「前菜」為秋季蔬菜的漬物、醋醃秋刀魚、酒粕戚風蛋糕等

「主菜」烤鴨胸

「小點心」為洗皮起司蛋糕、白蛋布丁、紅酒煮無花果凍

●甜點&下午茶（返程）

紐約起司蛋糕&焦糖蘋果

經典巧克力蛋糕

紅果實塔

三種小點心

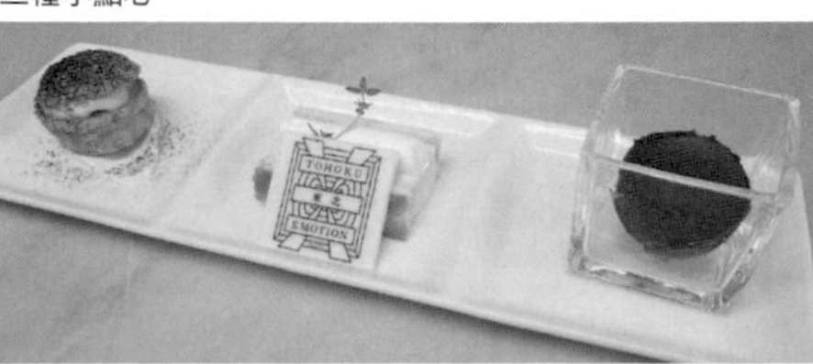

※料理照片為示意圖

以新打造的柴油混合動力車廂行駛。列車的營運理念為「新潟、庄內的美食」與「日本海的景觀」

6 JR東日本

快速 海里號

區間 新潟～酒田（白新線、羽越本線）

距離/所需時間 168.2㎞／約2小時30分～3小時30分（視時期而異）

車廂 4輛（HB-E300系）

行駛日/班次（3～11月）主要為週五六日、假日；（12～2月）主要為週六日、假日／往返1班

費用 乘車券3080円（新潟～酒田）＋對號座券840円

洽詢處 050-2016-1600（JR東日本洽詢中心）

享受新潟、庄內的美食與風景

2019年登場的羽越本線觀光列車。作為附餐旅遊產品，能在車內餐廳盡情品嘗新潟縣、庄內地區的海鮮與鄉野美味。

笹川流與鳥海山等海與山的車窗風景，更襯托出料理的美味。

美食

在眺望日本海的餐廳品嘗名店美味

以附餐旅遊產品的方式搭乘列車，即可品嘗沿線名店推出的道地料理。從新潟發車（下行）的列車，會由位於歷史悠久的新潟古町花街的三家料亭——「行形亭」、「鍋茶屋」、「一〆」提供四季各異的日本料理菜單（每月更換供餐餐廳）。

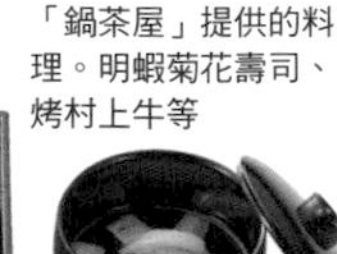

「鍋茶屋」提供的料理。明蝦菊花壽司、烤村上牛等

配備可調式座椅的1號車。座椅前後空間寬敞，總共30席的舒適空間。1、2號車憑乘車券＋對號座券（840円）即可搭乘

「一〆」提供的料理。
松葉蟹炊飯等

「行形亭」提供的料理。
鰆魚西京燒、味噌雞肉等

從酒田發車（上行）的列車供應由「Al Chécciano」負責人暨主廚奧田政行推出的「奧田義大利菜」

※料理照片為示意圖

座位類型豐富多樣

4號車餐廳車廂宛如「移動餐廳」（24席）

4號車為附餐旅遊產品專用，是備有雙人、四人沙發的餐廳車廂（1人也能申請）

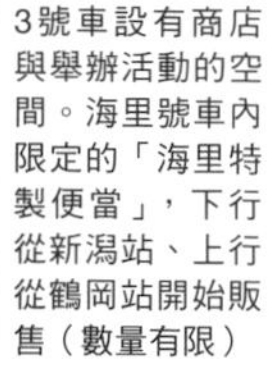

3號車設有商店與舉辦活動的空間。海里號車內限定的「海里特製便當」，下行從新潟站、上行從鶴岡站開始販售（數量有限）

2號車全採用隔間包廂式座位（32席）。座椅可以調整成完全平躺的角度

車內配置圖

1號車 可調式座椅30席（1號車AB席為靠海側、CD席為靠山側）

2號車 隔間包廂式座位32席

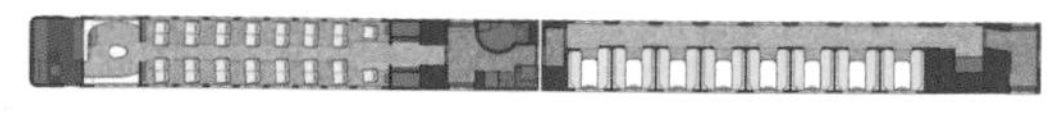

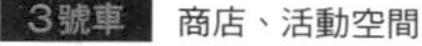

3號車 商店、活動空間

4號車 餐廳24席

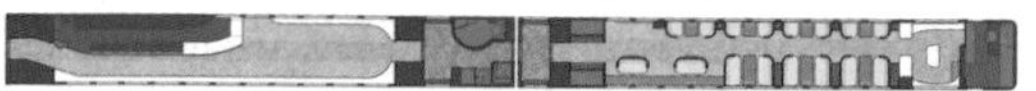

搭下行列車出溫海溫泉站，就能看見屹立於海岸的50公尺高奇岩「暮坪立岩」

 照片由JR東日本新潟分公司提供

車窗

山與海的絕景呈現眼前

上、下行的列車都會在桑川站停留約20分鐘以上（部分列車除外）。能趁停留期間在車站附近的海岸散步

在風景勝地笹川流的據點桑川站停留。車身外觀設計以漸層展現「夕陽」與「新雪」交融的模樣

日本海風景勝地 — 笹川流。車窗外是海灣、礁岩、沙灘等變化豐富的海岸風景

羽越本線身為日本海縱貫線的一部分，車窗景觀也很有魅力。該線同時包含了單線與雙線區間，有時上、下行的路線會分開。也因此下行線的海岸景觀相對良好。

1號車的前頭是觀景空間。能從駕駛座附近享受前方（或後方）的景色

在鶴岡～酒田區間能望見「日本百岳」之一鳥海山（2236公尺）的雄姿

由2輛車廂編列行駛。前面有設計簡潔的茶壺標誌

7

JR東日本

FruiTea福島號

區間 4～11月 郡山～喜多方（磐越西線）、12～3月 郡山～仙台（東北本線）
距離/所需時間 81.2km（郡山～喜多方）／約2小時
車廂 2輛（719系）
行駛日/班次 週六日、假日等／往返1班
費用 附甜點套餐7300円（郡山～仙台）等
洽詢處 https://www.jre-joyful.com/
（愉快列車預約網站）

搭乘「奔馳咖啡廳」度過優雅午茶時光

行駛於水果王國福島縣的觀光列車。全車座位是作為旅遊產品來販售，能享受沿線人氣店家所推出的原創甜點。該列車會依不同季節，行駛於磐越西線或東北本線。

磐越西線行駛於會津的象徵 — 會津磐梯山山麓。軌道路線蜿蜒，故磐梯山會不時在左、右方交替出現

 照片由JR東日本東北總部提供

1號車為共享空間，設有寬敞的咖啡吧檯座

設有對坐式座位的2號車。擁有舒適寬敞的空間，宛如時尚咖啡廳一般

眺望東北連綿山脈與
田園風景的午茶時光
堪稱極致享受

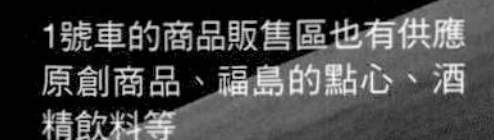

1號車的商品販售區也有供應原創商品、福島的點心、酒精飲料等

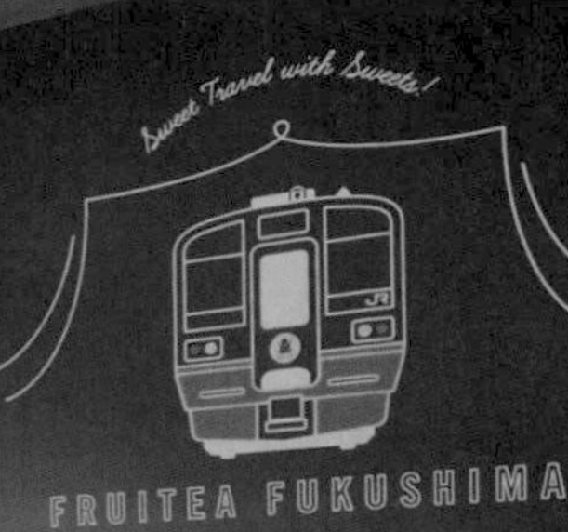

在列車內盡情享受絕品甜點

提供原創甜點＋果汁＋咖啡、茶（咖啡、茶飲冷熱皆無限供應）。甜點為每月更換，不管搭幾次都很值得期待。預約只到乘車日的3天前為止。

福島人氣店家「Fruits Peaks」研發的原創甜點

喜多方市的咖啡＆布丁專賣店「Cocco tree」提供的甜點

由「輪箱飯」老店田季野所研發，充滿鄉土特色的甜點

8
JR東日本

快速 Resort白神號
沿著日本海絕景路線五能線行駛

區間 秋田～弘前、青森（五能線、奧羽本線）
距離/所需時間 247.6km（秋田～青森）／約5小時
車廂 4輛（KIHA48系或HB-E300系）
行駛日/班次 主要為週五六日、假日。4月～11月為幾乎每天／往返3班
費用 乘車券4510円（秋田～青森）＋對號座券530円
洽詢處 050-2016-1600（JR東日本洽詢中心）

有「櫸」（1、4號）、「青池」（2、5號）、「熊啄木鳥」（3、6號）三種不同造型的車廂。可以透過車窗看見沙灘、礁岩地帶等變化多端的海岸景色，在日本也是數一數二的美景

9
津輕鐵道

暖爐列車
津輕冬天具代表性的景色

區間 津輕五所川原～津輕中里
距離/所需時間 20.7km／約50分
車廂 2～4輛（OHAFU33型、OHA46型）＋津輕21型氣動車＋DD35型機關車（有可能未聯結機關車）
行駛日/班次 12月～3月每天／往返2～3班
費用 乘車券870円（津輕五所川原～津輕中里）＋暖爐列車券500円
洽詢處 0173-34-2148

由柴油機關車牽引附暖爐的客車廂。於昭和20～30年代製造的舊國鐵車廂宛如會移動的鐵道博物館

10
JR東日本

快速 SL銀河號
展現「銀河鐵道之夜」的世界氛圍

區間 花卷～釜石（釜石線）
距離/所需時間 90.2km／（下行）約4小時30分、（上行）5小時30分
車廂 4輛（KIHA141系）＋C58型239號機關車
行駛日/班次 2天往返1班（週六為下行、週日為上行）。行駛期間視年度而異
費用 乘車券1690円（花卷～釜石）＋對號座券840円
洽詢處 050-2016-1600（JR東日本洽詢中心）

由「C58型蒸汽機關車」牽引4輛客車廂。車內以宮澤賢治生活的大正～昭和年代為意象設計而成，還有星象儀與賢治藝廊

※已於2023年6月停止營運

11
會津鐵道

座席展望列車
有和式／觀景／小火車座位的獨特列車

區間 會津若松～會津田島
距離/所需時間 45.1km／1小時30分
車廂 2輛（AT351〔小火車車廂〕、AT401〔和式／觀景座位車廂〕）
行駛日/班次 主要為4月中旬～11月的週六日、假日／往返1.5班
費用 乘車券1690円（會津若松～會津田島）＋和式／小火車座位指定券400円
洽詢處 0242-28-5885

特徵是擁有多種座位類型。由2輛車廂構成，行駛於會津路，會在眺望阿賀川峽谷的觀景景點暫時停車

關東

⑫ SL 大樹
⑬ SL 大樹「Futara」
⑭ 小火車渡良瀨溪谷號
⑮ 小火車 WASSHI 號
⑯ SL 群馬 水上
⑰ SL 群馬 橫川
⑱ 西武 旅行餐廳「52 席的至福」
⑲ SAPHIR 踴子
⑳ SL 真岡
㉑ SL PALEO Express
㉒ 里山小火車
㉓ B.B.BASE

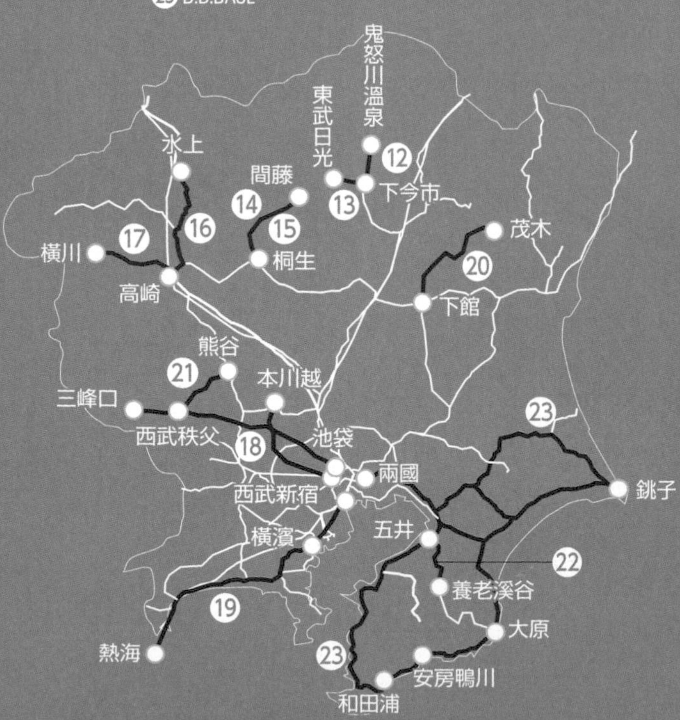

經過大谷向站的SL大樹。最前頭的C11 207號過去活躍於北海道，為了應對濃霧而在車頭正面左、右側裝設了前照燈「螃蟹眼」為其特徵

12

東武鐵道

SL大樹

- **區間** 下今市～鬼怒川溫泉
- **距離／所需時間** 12.4km／約35分
- **車廂** 3輛（14系）＋C11型207號機關車＋YO8000（車掌車）＋DE10型機關車等（視日程變動）
- **行駛日／班次** 幾乎每天發車／往返1～4班
- **費用** 乘車券260円（下今市～鬼怒川溫泉）＋座席對號座券760円
- **洽詢處** 03-5962-0102（東武鐵道客服中心）

14系客車有著被稱為亮藍色（bright blue）的藍色車身，此外也有茶色系的客車。使用的機關車、客車會在網站上公布

睽違約半個世紀的東武SL

2017年登場的東武鐵道觀光SL行駛於東武鬼怒川線的下今市～鬼怒川溫泉區間，1天最多往返4班。如今已是日光鬼怒川觀光的經典行程。由C11型機關車牽引共3輛（123、207、325號機關車）的復古風格客車。

起點下今市站隨著SL大樹營運，重生為具有懷舊感的車站。有種彷彿身在蒸汽機關車全盛時期的氛圍

在起訖站能看見轉車台

目前仍在使用的轉車台在日本全國已算少見，而在SL大樹的起訖站皆設有轉車台廣場，可以觀摩運作的情況。

下今市站站內設有機關車庫及轉車台廣場，能近距離欣賞SL的英姿。轉車台是從山口縣長門市站搬遷至此

位於鬼怒川溫泉站前的轉車台。SL大樹到站後15～30分，會利用此轉車台調轉機關車的方向

機關車後方有聯結車掌車（YO 8000型）。搭載列車自動停止裝置（ATS）

因天候不佳而點亮的「螃蟹眼」。從鬼怒川溫泉出發，折返下今市的SL大樹

2020年10月登場的SL大樹「Futara」。列車名稱源自於男體山的舊稱 — 二荒山（FUTARASAN）

13 東武鐵道

SL大樹「Futara」

區間 東武日光～下今市～鬼怒川溫泉
距離/所需時間 19.5km ／約1小時
車廂 3輛（14系）＋C11型207號機關車＋YO8000（車掌車）＋DE10型機關車等
行駛日/班次 主要為平日／往返1班
費用 乘車券320円（東武日光～鬼怒川溫泉）＋座席對號座券1080円
洽詢處 03-5962-0102（東武鐵道客服中心）

駛入東武日光的SL

姊妹列車SL大樹「Futara」自2021年10月起擴增行駛日，現在以平日行駛為主。71號行駛區間為下今市→東武日光，72號行駛區間為東武日光→鬼怒川溫泉。

JR東日本讓渡的柴油機關車DE10有時也會聯結在後方。這也是相當珍貴的車廂（東武日光站）

前頭為DE10型柴油機關車。渡良瀬溪谷也是賞楓名勝，行經車窗景點時會慢速行駛

14

渡良瀬溪谷鐵道

小火車渡良瀬溪谷號

區間 大間間～足尾

距離／所需時間 35.5㎞／約1小時40分

車廂 4輛（WA99型）＋DE10型機關車

行駛日／班次 4月～11月的週六日、假日、紅葉季節的平日等／往返1班

費用 乘車券940円（大間間～足尾）＋小火車整理券520円

洽詢處 0277-73-2110

1998年登場的資深小火車

由柴油機關車拉動4輛客車廂的小火車。正如其名，這輛列車大多沿著渡良瀬川的溪谷行駛。諸多自國鐵足尾線時代遺留下來的鐵道建築，也是沿途的精彩看點。

38處登錄有形文化財

渡良瀬溪谷鐵道是鐵道文化財的寶庫。留有許多如站舍、月台等前身為國鐵足尾線時代的設施及建築，有38處設施名列登錄有形文化財。

神戶站現存的站舍是1912年開業時所建，與上神梅站並列為「渡鐵」中最古老的車站。散發出宛如古民宅一般的氛圍

在神戶站的上行月台，有活用過去東武特急1720型「華嚴號」車廂的「列車餐廳清流」在營業。能在餐車車廂的氛圍中享用餐點

小火車渡良瀬溪谷號的終點 — 足尾站。紅磚建築危險品倉庫為大正初期所建

4輛客車中，中間2輛為開放式小火車車廂，前後為有窗的普通車廂。不管搭乘哪種車廂，都需要520円（兒童260円）的小火車整理券

搭乘下行列車時，抵達神戶站以前都能在右側看見渡良瀨川。舒爽的溪谷清風在車內吹拂

使用美味出眾的「大和豬」製作的「大和豬便當」（1100円）。包裝紙內側為沿線導覽。附特製擦手巾的獨特鐵路便當

一邊眺望溪谷 一邊享受鄉土美味

小火車車內有販售集結沿線美味的名產鐵路便當。由於數量有限，如果想確保一定能買到的話，建議在乘車前一天的15時以前事先預約。請洽TEL.0277-97-3681（神戶站餐廳清流）。

小火車便當（1000円）。舞菇拌飯、舞菇天婦羅等使用大量當地名產舞菇的幕之內便當

由2輛車廂構成，1號車為小火車車廂，2號車為有窗的普通車廂（冬季時可能不聯結）。紅葉時期尤其熱鬧

15

渡良瀨溪谷鐵道

小火車 WASSHI號

區間 桐生～間藤

距離／所需時間 44.1km／約1小時30分～1小時50分

車廂 2輛（WKT-550型、WKT-510型）

行駛日／班次 週六日、假日、紅葉季節的平日等／往返2班（冬季為僅假日／往返1班）

費用 乘車券1130円（桐生～間藤）＋小火車整理券520円

洽詢處 0277-73-2110

冬季也會行駛的小火車車廂

小火車WASSHI號承續小火車渡良瀨溪谷號的人氣，於2012年登場。冬季時小火車車廂會裝上玻璃窗，不分四季地運行。行駛於渡良瀨溪谷鐵道全線（桐生～間藤），能愉快地欣賞清流、水壩湖等溪谷風景。

車頭銘板為「渡鐵的WASSHI」。座位為定員制的自由座（依先到順序），乘車需要小火車整理券（520円）

快速 SL群馬 水上

區間 高崎～水上（上越線）
距離/所需時間 59.1km／約2小時
車廂 6輛（12系）＋C61型20號機關車等
行駛日/班次 週六日、假日等（不定期）／往返1班
費用 乘車券990円（高崎～水上）＋對號座券530円
洽詢處 050-2016-1600（JR東日本洽詢中心）

蒸汽機關車強而有力地將車廂牽引上緩坡。穿過關東平原，河床變窄的利根川近在一旁（津久田～岩本）

歷史悠久的C61型20號機關車於1949年製造，以前還牽引過特急「初雁號」等優等列車

於2011年修復，通稱為「C61」。擁有漆黑厚重的車身，能看到上面有製造年「昭和24年」的文字

下行列車會在澀川站停留約20分鐘。月台上盡是想一見機關車英姿的人們

行駛於上州路的觀光SL

以D51型與C61型雙機關車的方式運行，牽引國鐵時代的復古客車。上越線從海拔94公尺的高崎站到海拔491公尺的水上站都是上坡路。行駛在利根川形成的河岸階地，特別是澀川～水上區間有約10‰的連續坡段。

高崎站的商店有販售「上州D51便當」、「SL61物語便當」。因為是人氣鐵路便當，很快就會完售

也有推車在車內販售商品。供應飲料、食物和原創商品

保留往昔風貌的珍貴客車

於1978年作為急行用車廂打造而成的12系客車，也是客車中第一個擁有冷暖空調與自動門的車廂。屬於「快速」列車，憑乘車券＋對號座券才能搭乘。

喚起旅行情愫的懷舊藍色車身。擁有也曾用於急行列車「筑摩號」、「十和田號」、「大山號」的歷史

水上站的轉車台廣場

轉車台廣場位在水上站以北，沿著鐵軌步行3分可至的地方。「SL群馬 水上」抵達水上站便會與機關車分離，抵達約10分鐘後（12時15分左右）就會移動至轉車台。能在此觀摩SL迴轉的模樣。

轉車台運作時間約10分鐘。廣場會不定期舉辦活動

國鐵時代作為急行用車廂運用的12系客車現存數量非常少，是保有往昔風貌的珍貴車廂

C61型20號機關車為1949年製。特徵是擁有巨大的動輪，在青森、岩手、宮崎等地區活躍了24年（高崎站）

接近奇特岩峰連綿的妙義山（1104公尺）時，就離終點橫川站不遠了

11時前抵達橫川站。平常悄然寧靜的橫川站，在行駛日會湧現大批SL粉絲而熱鬧非凡

17

JR東日本

快速

SL群馬 橫川

區間 高崎～橫川（信越本線）

距離／所需時間 29.7km／約1小時

車廂 6輛（12系）＋C61型20號機關車等

行駛日／班次 週六日、假日等（不定期）／往返1班

費用 乘車券510円（高崎～橫川）＋對號座券530円

洽詢處 050-2016-1600（JR東日本洽詢中心）

前往昔日的鐵道要衝 — 橫川

行駛於信越本線的高崎～橫川區間。使用D51型或C61型這兩輛著名機關車的其中之一，牽引舊型客車或藍色的12系客車。靠近市中心，行駛日有時也不多，行駛時會展現相當熱鬧的情景。

在高崎附屬接上EL或DL機關車，折返時以「EL（或DL）群馬 橫川」的形式運行（也有可能反過來）

横川站名產「峠釜飯」(1200円)
如今在橫川站的商店也有販售

仿造昭和蒸汽機關車之旅氛圍的舊型客車。懷舊的古早鐵道路線標示板也很復古

景點豐富的「鐵道城鎮」

靠近碓冰峠的橫川站過去是鐵道要衝站。橫川～輕井澤區間已廢止。現今的氛圍轉變成了靜謐的終點站，有許多歷史性鐵道相關景點。還有運用信越本線的廢線遺跡打造而成、名為「阿布特之道」的觀光步道。

於橫川機關區遺跡打造的「碓冰峠鐵道文化村」保存了超過30輛昔日車廂（入館費700円）

明治後期建造的舊丸山變電所為重要文化財。在附近的觀光步道能實際感受國鐵時代最陡的坡道「66.7‰」

「阿布特之道」從31公尺高的碓冰第三橋梁（眼鏡橋）上通過。據說建造時用了大約200萬個紅磚

18

西武鐵道

西武 旅行餐廳「52席的至福」

區間 池袋、西武新宿～西武秩父等

距離／所需時間 76.8km（池袋～西武秩父）／約2小時30分～3小時

車廂 4輛（52型）

行駛日／班次 週六日、假日等（全年約100天）／往返1班

費用 早午餐行程10000円、晚餐行程15000円
※2名起可預約（請至官網）

洽詢處 04-2996-2888（西武鐵道客服中心）

建築師隈研吾負責車廂設計。利用車廂整體來呈現「芝櫻與長瀞的櫻花」等秩父的四季風景。與數字52有關的撲克牌圖案裝飾在車頭銘板上

3號車有開放式廚房，能夠近距離觀看主廚烹調餐點的模樣

4號車的天花板有西川材的格子裝飾。桌子配置與2號車相同，4輛車廂定員52名，空間寬敞舒適

2號車有雙人、四人對坐式座位並排，空間寬敞（定員26名）

行駛於秩父路的正宗美食列車

2016年登場的西武鐵道觀光列車。由4輛車廂構成：1號車為具備活動空間的多用途車廂；2、4號車為客車廂；3號車是有吧檯座與開放式廚房的廚房車廂。全車座位以附餐的套裝行程來販售。

在車內品嘗正宗全餐料理

全餐主要提供早午餐行程（池袋、西武新宿發車）與晚餐行程（西武秩父發車），都是供應在3號車開放式廚房製作的料理。能盡情享用名餐廳主廚監製的道地料理。

早午餐行程的一例。不論是晚餐還是早午餐，都會提供各種酒精飲料

晚餐行程的一例。以全餐方式提供前菜、義大利麵、主菜、甜點

料理使用許多琦玉縣產食材。由車內廚房提供現做的全餐料理

※菜單隨季節更換

車內配置圖

1號車　多用途車廂　可因應各種活動的空間

2號車　客車廂　柿澀和紙天花板／26席

3號車　廚房車廂　杉板天花板

4號車　客車廂　西川材格子天花板／26席

←西武新宿、飯能方向　　池袋、西武秩父方向→

5～8號車為綠色車廂。2＋1列的可調式座椅設有迷你桌、閱讀燈、電源插座

19 JR東日本

特急 SAPHIR 踴子

區間 東京～伊豆急下田（東海道本線、伊東線等）
距離／所需時間 167.2㎞／約2小時30分～3小時
車廂 8輛（E261系）
行駛日／班次 往返1～2班（每天至少往返1班）
費用 乘車券3960円（東京、新宿～伊豆急下田）＋特急券／綠色車廂券5850円　※搭乘綠色車廂時
洽詢處 050-2016-1600（JR東日本洽詢中心）

高級車廂內的優雅大人之旅

2020年3月登場的SAPHIR踴子，是全採用綠色（頭等車廂）座椅的高級觀光特急列車。還有高級綠色車廂、綠色包廂、咖啡廳區，能享受高級的優質旅程。

車內配置圖

←東京、新宿　　伊豆急下田→

8號車 綠色車廂（24名）
7號車 綠色車廂（30名）
6號車 綠色車廂（36名）
5號車 綠色車廂（14名）
4號車 咖啡廳區
3號車 綠色包廂（20名）
2號車 綠色包廂（20名）
1號車 高級綠色車廂（20名）

照片由JR東日本橫濱分公司提供

猶如藍寶石的車身外觀由工業設計師奧山清行所設計，以閃耀著藍色光芒的伊豆大海與天空為意象。由8輛車廂編列，定員164名

1號車為JR東日本首次推出的「高級綠色車廂」。擁有1＋1列的寬敞舒適空間，座椅可調整成面向窗戶

人氣主廚構思的菜單

在4號車咖啡廳區能嘗到SAPHIR踴子的限定菜單，由「Ristorante HONDA」的本多哲也監製，提供在廚房現做的料理。身處綠色包廂的客人享有送餐服務。

可以在專屬網站「SAPHIR Pay」事先點好主菜。

使用伊豆產新鮮番茄的義大利麵（1250円）。附麵包、礦泉水

HONDA頂級牛肉咖哩（1900円）。附礦泉水

相州牛的肉醬義大利麵（1800円）。附麵包、礦泉水

香蕉磅蛋糕與無酒精飲料套餐（1200円）※

提拉米蘇與氣泡酒套餐（2300円）※

菜單可能變更。※為「SAPHIR踴子2號、3號」限定菜單

1～6人用綠色包廂是具有高級感的私人空間。座椅為沙發型，陽光會從上方窗戶照進來的明亮氛圍

4號車為開放式廚房與咖啡廳區。以咖啡色為基調的沉靜空間裡有桌位座和吧檯座

受歡迎的綠色包廂

2、3號車為確保私人空間的綠色包廂。有1～4人用、1～6人用這兩種類型，非常適合家庭與團體旅行。

1～4人用綠色包廂。設有沙發與桌子，室內設計以能好好放鬆的沉靜咖啡廳為意象

非常適合家庭、團體旅行的1～6人用包廂。能盡情享受從首都圈前往伊豆的優雅之旅

20 SL真岡
由90年前的蒸汽機關車牽引

真岡鐵道

區間 下館～茂木

距離／所需時間 41.9km／約1小時30分

車廂 3輛（50系）＋C12型66號機關車

行駛日／班次 週六日、假日等／往返1班

費用 乘車券1050円（下館～茂木）＋SL整理券500円

洽詢處 0285-84-2911

由1933年製C12型66號機關車牽引舊國鐵OHA50等三輛風格復古的客車。能從市中心當天來回，體驗搭乘SL的感覺

21 SL PALEO Express
行駛於秩父路的蒸汽機關車

秩父鐵道

區間 熊谷～三峰口

距離／所需時間 56.8km／（下行）2小時40分、（上行）2小時15分

車廂 4輛（12系）＋C58型363號機關車

行駛日／班次 3月～12月的週六日、假日、長假等／往返1班

費用 乘車券960円（熊谷～三峰口）＋SL對號座券740円

洽詢處 048-580-6363（秩父鐵道運輸課）

由C58型363號機關車負責牽引的秩父鐵道招牌列車，且為距離市中心最近的觀光SL。4輛編列的客車是以酒紅色為基調的12系車廂

22 里山小火車
行駛於房總復古路線的小火車

小湊鐵道

區間 五井～養老溪谷

距離／所需時間 34.9km（五井～養老溪谷）／約2小時

車廂 4輛（HA100型）＋DB4型機關車

行駛日／班次 3月～12月的週六日、假日、紅葉時期等／（平日）往返1班，（週六日、假日）往返3班

費用 乘車券1280円（五井～養老溪谷）＋小火車整理券600円

洽詢處 0436-21-6771

由SL型柴油機關車牽引4輛復古的小火車客車，沿著悠然恬靜的房總丘陵行駛。客車天花板大部分都有裝設玻璃窗，開闊而明亮

23 B.B.BASE
奔馳於房總的兩鐵列車

JR東日本

區間 兩國～安房鴨川、和田浦等

距離／所需時間 129.2km（兩國～安房鴨川）／約2小時40分

車廂 6輛（209系）

行駛日／班次 主要為週六日。詳情請至官網確認／往返1班

費用 兩國～館山（單程3600円等）※視季節變動

洽詢處 050-2016-1600（JR東日本洽詢中心）

為自行車愛好者而設的列車，作為VIEW旅遊產品限定販售。以兩國站為起點，有內房、外房、銚子路線等。1輛車廂定員約20名

中部

- ㉔越乃Shu ＊ Kura號
- ㉕越後心動度假列車 雪月花號
- ㉖觀光急行
- ㉗黑部峽谷小火車
- ㉘一萬三千尺物語
- ㉙SL川根路號
- ㉚南阿爾卑斯阿布特線
- ㉛ROKUMON
- ㉜Oykot號
- ㉝北信濃Wine VALLEY列車
- ㉞Resort View故鄉號
- ㉟瑰麗山海號
- ㊱能登里山里海號
- ㊲花嫁暖簾號
- ㊳HIGH RAIL1375
- ㊴富士山View特急
- ㊵Resort 21
- ㊶大正浪漫號
- ㊷Nagara

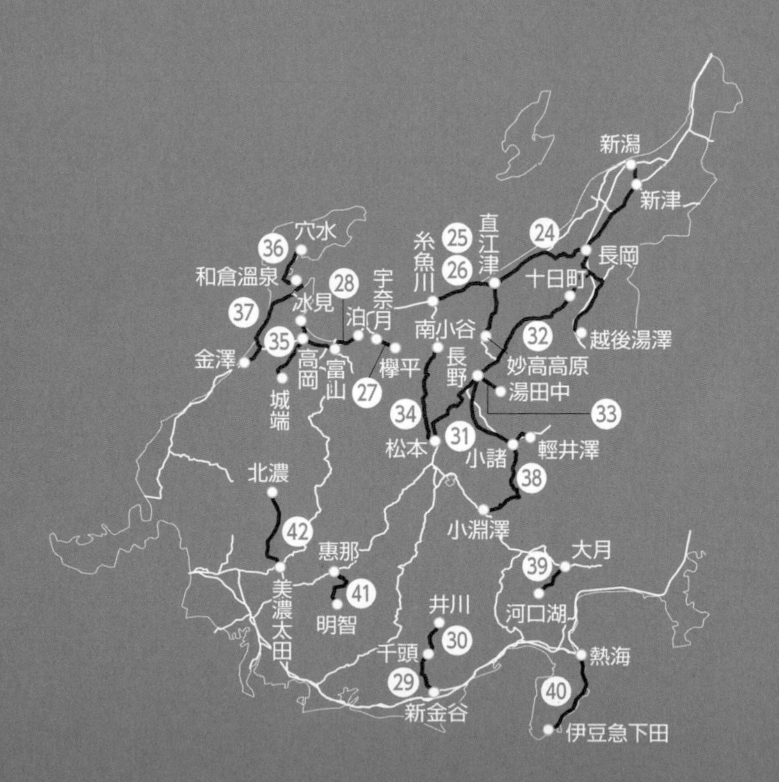

快速 越乃Shu＊Kura號

區間 上越妙高～十日町（越後心動鐵道、信越本線等）
距離/所需時間 127.6㎞／（往程）約2小時30分、（返程）約3小時50分
車廂 3輛（KIHA40、48型）
行駛日/班次 4月～11月的週五六日、假日等／往返1班
費用 附餐旅遊產品（7300円～）
洽詢處 050-2016-1600（JR東日本洽詢中心）

列車名稱是以越後酒倉和豐富的自然為意象命名而成：越乃＝越後；Shu＝酒；Kura＝倉；＊＝米、雪、花。行駛於日本海沿岸的信越本線

3號車憑乘車券＋對號座券即可搭乘，配備了前後空間寬敞的可調式座椅

車身顏色使用了黑中帶藍的傳統色「藍下黑」搭配白色，以威武的「新潟風土」為意象

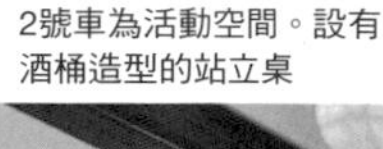

2號車為活動空間。設有酒桶造型的站立桌

樂遊地酒王國新潟

以新潟自豪的「酒」為主題的觀光列車。有時也會作為「湯澤Shu＊Kura」（上越妙高～越後湯澤）、「柳都Shu＊Kura」（上越妙高～新潟）行駛，視行駛日而定。

藏守～kuramori～（服務吧檯）有品酒區。能品飲新潟各地的銘酒

列車往程（上越妙高發車）會在海岸旁的青海川站停靠6分鐘，返程停靠22分鐘。在某些時期能望見沒入大海的夕陽

車廂 旅遊產品限定車廂

1號車為「附餐旅遊產品」的專用車廂。有三種類型的座位，因應各種不同的客群。

設有大桌子的「舒適對坐式座位」

用隔板加以區隔的橫向座位「愜意雙人座」

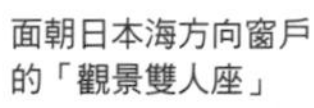

面朝日本海方向窗戶的「觀景雙人座」

美食 品嘗新潟的銘酒與美食

若以附餐旅遊產品的模式搭乘列車，則會提供新潟產大吟醸酒以及與日本酒相搭的餐點。

越乃Shu＊Kura號原創大吟醸酒是和君之井酒廠合作推出的車內限定日本酒（2022年秋／返程）

使用新潟食材製作、與日本酒相搭的料理（2022年秋／往程）

車內配置圖

1號車（定員34名）附餐旅遊產品專用車廂　2號車（活動空間）　3號車（定員36名）普通車對號座

▬ 桌子、吧檯

照片由JR東日本新潟分公司提供

25 越後心動度假列車 雪月花號

區間 上越妙高～妙高高原～糸魚川
距離/所需時間 103.8㎞／約3小時
車廂 2輛（ET122型）
行駛日/班次 週六日、假日等／1天2班（冬季為1天1班）
費用 上、下午班次皆為24800円（特別地區援助方案29800円）
洽詢處 025-543-8988（越後心動度假列車 雪月花號洽詢中心）

車身顏色是光彩奪目的銀朱色。整個車廂都是由新潟縣生產製造

雪月花號在冬季也有運行，能從溫暖的車內眺望新潟獨有的雪景

大啖越後料理

「上午班次」（上越妙高發車）與「下午班次」（糸魚川發車）1天有2班行駛，料理的全餐會依行駛日更換（主要是照片中的四種全餐）。每一種都是由當地料亭或法國的頂級廚師製作，能嘗到使用新潟食材所製的雅緻料理。

上越市Chez Toya提供的「侍酒師推薦的葡萄酒全餐」。附紅、白酒各1杯（上午班次／法國料理）

「新潟豐富多彩 珠寶盒全餐」。主要使用上越地區的食材，製作如珠寶盒一般色彩豔麗的料理（上午班次／日、西、中式）

「百年料亭熱騰騰釜飯全餐」。能享受上越市老字號料亭「宇喜世」提供的傳統美味與熱騰騰的釜飯（下午班次／和食）

「漁港直送漁夫的豪邁全餐」。使用大量糸魚川市能生漁港直送海鮮所製的料理（下午班次／和食）

※乘車報導刊載於P14～21

行駛於上越地區的豪華度假列車

海與山的絕妙美景自眼前展開，行駛於越後心動鐵道的度假列車。特徵為擁有日本規模最大的窗戶等嶄新車廂設計，可以在車內盡情享用高級雅緻的豪華料理。餐點內容於2022年10月更新。

1號車定員18名。以木紋鮮明的越後杉、代表豐盛果實的金黃色為基調

2號車定員22名。像觀光列車的嶄新設計，大桌與寬敞舒適的座位為其特色

吧檯座朝著日本海和妙高山的方向。還有提供迎賓飲料的服務

車窗展現山與海富含變化的美景。在沿岸地帶會看到一望無際的日本海（谷濱～有間川）

行駛於妙高山山麓。妙高高原～直江津區間為歷史悠久的舊信越本線區間（該區間作為快速列車行駛）

觀光急行的「急行」是「急不行」的簡稱。在日本海翡翠線的絕景區間會放慢行駛速度

26 急行 觀光急行

越後心動鐵道

區間 直江津～糸魚川、 市振
距離／所需時間 59.3km（直江津～市振）／約1小時30分
車廂 3輛（455系、413系）
行駛日／班次 週六日、假日等／往返2班
費用 乘車券1310円（直江津～市振）＋急行券500円
洽詢處 025-543-3160（直江津站）

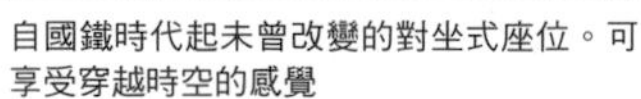

自國鐵時代起未曾改變的對坐式座位。可享受穿越時空的感覺

搭乘昭和列車來趟時光之旅

由越後心動鐵道營運的舊國鐵型觀光急行。過去作為長距離急行用車廂登場，移轉JR管理後改作為近郊型車廂使用，能享受「國鐵急行之旅」的懷舊氛圍。憑乘車券＋急行券即可搭乘，也有附各種餐點的行程。

古早的車種標示。「急行列車」如今已是罕有的存在

※乘車報導刊載於P14～21

由KUHA455-701、MOHA412-6、KUMOHA413-6構成的3輛車廂編列行駛。皆為50～60年前製造的珍貴車廂

車內設有名為四五五神社的香油錢箱，用於感謝、祈求車廂使用年限延長，亦可作為修繕費等（募款的鳥塚社長）

受歡迎的SL乘車體驗「直江津D51 Rail Park」

直江津站南口步行3分可至。展示D51、緩急車等車廂，也有販售商品、玩彈珠遊戲等的遊樂區。營業期間為3月上旬～12月上旬，主要為週六日、假日／入場費1000円（兒童700円）。

附餐行程能品嘗「豐盛蟹肉釜飯」。由糸魚川的割烹餐廳汐路負責供應

詳細介紹車廂的手冊。背面還有蓋紀念章

能見到在日本全國也算罕見的「轉車台＋扇形車庫」。行駛至直江津站自由通道的SL乘車體驗也很受歡迎（1天4次）

搭乘下行列車，通過緊接在黑薙站後、60公尺高的後曳橋。黑部峽谷為賞楓名勝，10月下旬～11月中旬是最佳觀賞期

一出起點宇奈月站，列車便會通過約40公尺高的新山彥橋。自眼前展開的宇奈月溫泉街和黑部峽谷的景色精彩動人

27 黑部峽谷小火車

黑部峽谷鐵道

區間 宇奈月～欅平

距離/所需時間 20.1㎞／約1小時20分

車廂 約13輛（1000型、3100型等）＋ED型機關車重聯

行駛日/班次 4月下旬～11月的每天（可能視積雪狀況變動）／往返約15班（視季節變動）

費用 乘車券1980円（宇奈月～欅平單程）
※逍遙車廂券（530円）另計

洽詢處 0765-62-1011

全線為黑部峽谷的觀景台

從宇奈月溫泉深入黑部峽谷的小火車。原本是用來搬運黑部川沿岸水壩及發電所建設所需材料而鋪設的鐵道，沿途有水壩湖、V型谷等值得一看的連續美景。沿線無一般車輛可行駛的道路，以日本數一數二的「祕境鐵道」為人所知。

座位與鐵軌枕木同方向排列的「普通客車」是黑部峽谷獨有的小火車車廂。約有50輛車廂可用於行駛

有兩種客車可供選擇

有椅背的「逍遙客車」。除了乘車券之外，還需要逍遙車廂券530円

沒有窗戶、開放感十足的普通客車。座位為一橫排四人座。雨天時最好穿雨衣

逍遙客車的座位為一橫排三人座，能根據行進方向轉換。車窗可開關

小火車為超過10輛車廂的長編列。大多由無窗客車與有窗客車聯結行駛。如果把機關車、貨車等也算進去的話，黑部峽谷鐵道擁有的車廂數量多達約300輛，居中小型私鐵之冠。

聽著車內廣播，悠然行駛於兩岸陡峭峽谷之間。如照片中的「出六峰」等，峽谷渾然天成的自然美景近在眼前

鐵軌軌距是日本僅有幾處尚存、762公釐的窄軌軌道。令人聯想到歐洲古城的新柳河原發電所是車窗景點之一

折返線的鐘釣站。一般時期能上、下車的僅有宇奈月、黑薙、鐘釣、欅平這四站

28

愛之風富山鐵道

一萬三千尺物語

區間 1號：富山～泊～富山／2號：富山～高岡～黑部～富山

距離／所需時間（1號）98.2km ／約2小時、（2號）101.2km ／約2小時30分

車廂 3輛（413系）

行駛日／班次 週六日、部分假日／往返2班

費用 一般方案13000円、附伴手禮方案15000円

洽詢處 0120-489-130（平日10時～17時）

※皆為自富山起訖的往返行程

充滿富山魅力的美食列車

能實際感受越中富山魅力的「高低差4000公尺的列車之旅」。以週六日、假日為中心有2班行駛，1號「富山灣壽司行程」（富山發車11:00）是往返於泊站的行程，2號「懷石料理行程」（富山發車15:22）是往返於高岡站及黑部站的行程。全車座位皆作為附餐行程來販售。

以立山連峰為背景行駛而過。3000公尺山峰聳立於海岸附近在全球也算罕見的地形，擁有獨特的氣候風土

設有對坐式座位與吧檯座的1號車。將以富山灣為意象的「藍色」作為重點色

對坐式座位與吧檯座排得舒適寬敞的1號車。在靠山側吧檯座，能從大片窗戶享受北阿爾卑斯山的景色

設有大桌子的四人對坐式座位

1、3號車為客車，靠山側設有大型窗戶。天花板、地板、桌子等使用富山縣產「冰見里山杉」，打造沉靜的氛圍

2號車的商店有販售地酒、飲料、伴手禮。還有介紹沿線特產的陳列展示區

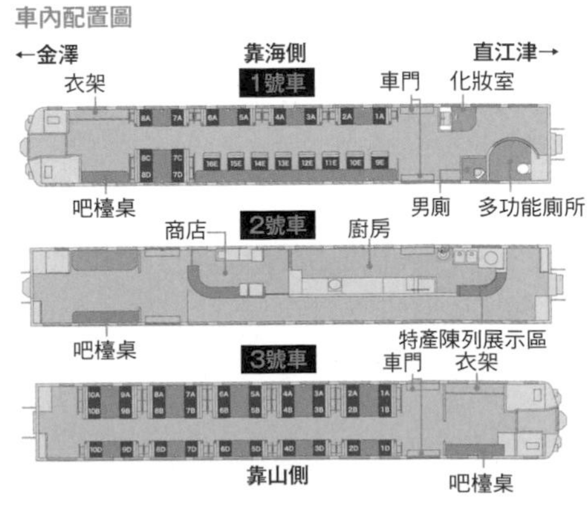

車勤服務員的服務無微不至，為旅客獻上舒適的列車之旅

舊國鐵車廂413系改造成的車廂。車身顏色是以染上朝陽橘色光芒的立山、海深1000公尺的富山灣為意象

在車廂內品嘗富山恩惠

提供有「天然魚塘」之稱的富山灣海鮮恩惠以及豐富的鄉野恩惠，裝滿四季美味的餐點。可以盡情享用越中富山的山珍海味。

富山縣為日本屈指可數的名水之里，也以釀酒出名。還可以搭配日本國內知名銘酒、地啤酒一同享用餐點

1號提供的料理為「富山灣壽司」── 使用富山灣當季在地鮮魚與富山米所捏製的壽司

2號為裝滿了富山山珍海味的「和風懷石料理」。由位於富山市後山的合掌造千里山莊提供

由熟知富山的導遊隨車服務、介紹窗外景色等，為旅客獻上舒適的列車之旅

繪有大大的列車標誌。「一萬三千尺（英尺）」換算成國際公制單位是大約4000公尺。代表立山連峰與富山灣的高低差距

大井川峽谷與茶園梯田等，整條路線的明媚風光在窗外展開。除了乘車券之外，還需要SL急行券

29 SL川根路號

大井川鐵道

區間 新金谷～千頭
距離/所需時間 37.2㎞／約1小時15分
車廂 3～7輛（OHA35型、OHA47型等）＋C10型8號機關車、C11型190號機關車等
行駛日/班次 幾乎每天（全年有300天以上。有停駛日）／往返1～3班
費用 乘車券1750円（新金谷～千頭）＋SL急行券1000円
洽詢處 0547-45-4112

搭乘資深觀光SL享受「昭和蒸汽機關車之旅」

大井川鐵道於1976年在日本國內率先開始營運觀光SL。目前有4輛蒸汽機關車，每一輛都是距今超過80年前所製造的珍貴機關車。擁有的SL數量榮登日本第一，幾乎每天（全年有300天以上）都有SL運行。

SL姐姐（專責車掌）以流暢口條進行沿線導覽，頗受好評。還會唱歌與演奏口琴，炒熱川根路號之旅的氣氛

大井川鐵道現今也保存了許多自昭和初期開業以來的站舍。從車窗眺望別有意趣的站舍也是川根路號的魅力所在（田野口站）

※2022年9月受到颱風影響，行駛區間改為新金谷～家山（2022年11月時）。行駛資訊需至大井川鐵道官網確認

1940年製C11型190號機關車的特徵是綠色型號標示版。在熊本成了廢車，經過大井川鐵道耗時近2年時間大規模的改造之後，於2003年重新登場

製造於昭和10～20年代的舊型客車。木製座椅、燈泡等散發出濃厚的昭和復古氛圍

SL之旅必不可少的鐵路便當

在起點新金谷站及SL車內，皆有販售各種與SL之旅相搭的鐵路便當。集結了大井川沿線的美味。

人氣第一的「大井川鄉土便當」（1200円），用竹皮包裹飯糰與配菜。附大井川鐵道原創的圖案明信片

包裝上繪有蒸汽機關車插圖的「汽車便當」（1350円）。季節燉菜、天婦羅、照燒鮪魚等手作菜餚相當豐富

受兒童喜愛的「湯瑪士小火車午餐盒」（1200円）。湯瑪士、詹姆士、希羅、培西大集合，菜色很豐富

由於彎道區間多、隧道相對較小，因此使用小型柴油機關車及客車

30 南阿爾卑斯阿布特線

大井川鐵道

區間 千頭～井川

距離/所需時間 25.5km／約1小時50分

車廂 3～8輛（SUROFU300等）＋ED90型電力機關車＋DD20型柴油機關車

行駛日/班次 每天／往返4～5班

費用 乘車券1340円（千頭～井川）

洽詢處 0547-45-4112

擁有日本唯一的阿布特式區間

行駛於大井川鐵道的井川線。當初為了搬運水力發電所建材而打造的這條路線，如今是名為「南阿爾卑斯阿布特線」的奧大井觀光路線。千頭～井川區間25.5公里的路途中有61個隧道及55座橋梁，占了整條路線的1/3左右。

行經接岨湖（長島水壩湖）的奧大井湖上站附近是井川線的亮點。窗外奧大井的絕美風景接連不斷。

31 快速 ROKUMON

信濃鐵道

以「真田氏」為主題的美食列車

區間 輕井澤～長野

距離/所需時間 74.4km／約2小時15分

車廂 3輛（115系）

行駛日/班次 週一五六日、假日等（全年約200天）／2～3班

費用 西式全餐、日式全餐皆為15800円；午間全餐9800円。憑乘車券＋對號座券（1020円）也能搭乘

洽詢處 0268-21-3470

車身顏色是以與真田家有關的「赤備」為意象設計的深紅色。各列車設有附餐方案，能一邊眺望信濃路的山岳風景一邊享受美食

32 快速 Oykot號

JR東日本

以故鄉為意象的鄉愁列車

區間 長野～十日町（信濃鐵道北信濃線、飯山線）

距離/所需時間 86.1km／約2小時40分

車廂 1～2輛（KIHA110型）

行駛日/班次 週六日、假日等／往返1班

費用 乘車券1780円（長野～十日町）＋對號座券530円

洽詢處 050-2016-1600（JR東日本洽詢中心）

車身外觀與車廂內部是以茅草屋頂的民宅為意象設計而成。行駛於千曲川（信濃川）沿岸的飯山線。列車名稱源自於把「TOKYO」倒過來念

33 特急 北信濃Wine VALLEY列車

長野電鐵

以舊小田急浪漫特快車廂行駛

區間 長野～湯田中

距離/所需時間 33.2km／約1小時20分

車廂 4輛（1000系）

行駛日/班次 週六日、假日等／往返1班

費用 6000円（2名以下時＋1000円）

洽詢處 026-248-6000

能一邊眺望信濃群山一邊享受葡萄酒及餐點。車廂為小田急讓渡的浪漫特快10000型HiSE，復古風情也是其魅力所在

34 快速 Resort View故鄉號

JR東日本

行駛於視野良好的篠之井線和大糸線

區間 長野～南小谷（篠之井線、大糸線）

距離/所需時間 132.8km／（往程）約4小時20分、（返程）約3小時10分

車廂 2輛（HB-E300系）

行駛日/班次 週五六日、假日等／往返1班

費用 乘車券2310円（長野～南小谷）＋對號座券530円

洽詢處 050-2016-1600（JR東日本洽詢中心）

使用混合動力車廂行駛。壯麗的北阿爾卑斯景觀、姨捨站的日本三大車窗美景等，能坐在可調式座椅上享受信州引以為傲的絕美景色

35 JR西日本

快速 瑰麗山海號

車廂內宛如傳統工藝館

區間 礪波、新高岡～冰見、高岡～城端（冰見線、城端線）

距離/所需時間 18.3km（新高岡～冰見）／約1小時

車廂 1輛 （KIHA40型）

行駛日/班次 週六日／往返2班

費用 乘車券330円（新高岡～冰見）＋對號座券530円

洽詢處 0570-00-2486（JR西日本客服中心）

行駛於富山縣的兩條在地路線。車廂內展示著「井波雕刻」等沿線的傳統工藝品。在雨晴海岸等車窗景點會暫時停車

36 能登鐵道

能登里山里海號

各種附餐方案也很受歡迎

區間 七尾～穴水

距離/所需時間 33.1km／約1小時

車廂 2輛 （NT301、NT302）

行駛日/班次 目前為週六日、假日行駛／往返2.5班

費用 〔乘車方案〕乘車券850円（七尾～穴水）＋乘車整理券500円／（甜點方案）乘車方案＋1530円／（壽司御膳方案）乘車方案＋2550円

洽詢處 0768-52-2300

行駛於能登半島七尾灣沿岸的觀光列車。由「里山」、「里海」2輛編列，也有提供壽司御膳及甜點的乘車方案

37 JR西日本

特急 花嫁暖簾號

純和風的款待列車

區間 金澤～和倉溫泉（七尾線）

距離/所需時間 71.0km／約1小時20分

車廂 2輛 （KIHA48型）

行駛日/班次 週五六日、假日等／往返2班

費用 乘車券1410円＋對號座特急券1390円（金澤～和倉溫泉）

洽詢處 0570-00-2486（JR西日本客服中心）

透過整個車廂展現北陸的和與美的觀光列車。車廂內展示著加賀水引繩結工藝、輪島塗漆器等傳統工藝品，也有高雅的半包廂

38 JR東日本

快速 HIGH RAIL1375

行駛於JR線最高地點

區間 小淵澤～小諸（小海線）

距離/所需時間 78.9km／2小時10分～2小時50分

車廂 2輛（KIHA100系、KIHA110系）

行駛日/班次 週六日、假日等／1天往返1.5班（冬季為往返1班）

費用 乘車券1520円（小淵澤～小諸）＋對號座券840円

洽詢處 050-2016-1600（JR東日本洽詢中心）

以「最靠近天空的列車」為營運理念。車身設計以小海線的夜空和八岳為主題，能享受日本全國數一數二的山岳景觀

39 富士急行

特急 富士山View特急

看著日本第一山岳享用上好甜點

區間 大月～河口湖

距離／所需時間 26.6㎞／約50分

車廂 3輛（8500系）

行駛日／班次 每天／往返2班 ※甜點方案列車為僅週六日、假日

費用 甜點方案4900円

洽詢處 0555-73-8181

該列車的定位為富士急行「最高級」列車。提供週六日、假日往返2班的甜點方案，能夠在列車上享用甜點

40 伊豆急行

Resort 21

1985年初登場的資深觀景列車

區間 熱海～伊豆急下田（伊東線、伊豆急行線）

距離／所需時間 62.6㎞（熱海～伊豆急下田）／約1小時20分

車廂 7輛（2100系）

行駛日／班次 每天／往返3～6班

費用 乘車券1980円（熱海～伊豆急下田）

洽詢處 0557-53-1116

有「黑船電車」、「金目電車」這兩種編制，平常作為普通列車運行。駕駛座後方設有24席的「觀景室」

41 明知鐵道

急行 大正浪漫號

美食列車的先驅

區間 惠那～明智

距離／所需時間 25.1㎞／約1小時

車廂 2～3輛（AKECHI10型）

行駛日／班次 週一除外／1班（僅下行）

費用 2500円～5500円 ※視料理變動，附一日乘車券

洽詢處 0573-54-4101

聯結設有桌子的「食堂車廂」，12月～3月為「山藥列車」、4月～9月為「寒天列車」等，隨季節供應鄉土美食

42 長良川鐵道

Nagara

沿著清流長良川流域前進

區間 美濃太田～北濃

距離／所需時間 72.1㎞／（下行）約2小時15分、（上行）約2小時40分

車廂 2輛（NAGARA300型）

行駛日／班次 週五六日、假日、長假等（全年約150天）／往返1班

費用 午餐方案12500円（美濃太田～郡上八幡。附二日自由乘車券）、甜點方案5800円等

洽詢處 0575-46-8021

車身顏色為皇家紅。提供附餐方案，可以一邊眺望美麗的溪谷風景，一邊享用以鄉土食材製作的午餐及甜點

近畿

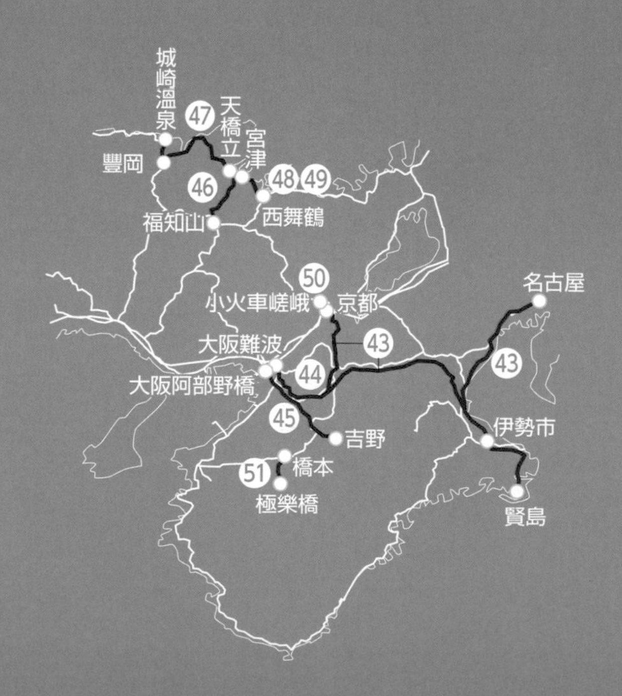

城崎溫泉
47
天橋立
宮津
豐岡
46
48
49
福知山
西舞鶴
50
小火車嵯峨
京都
名古屋
大阪難波
43
43
大阪阿部野橋
44
45
伊勢市
吉野
橋本
51
極樂橋
賢島

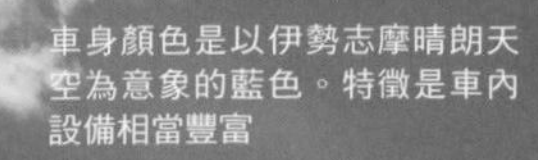
車身顏色是以伊勢志摩晴朗天空為意象的藍色。特徵是車內設備相當豐富

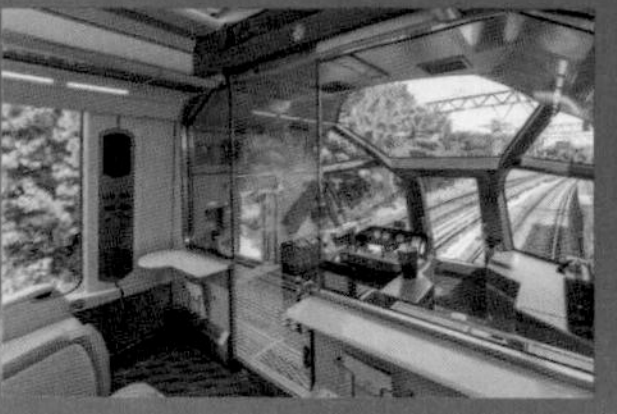
頭尾兩端的1、6號車為視野良好的觀景車廂。能夠欣賞魄力十足的前方景色

前頭車廂使用六片玻璃打造多面體前方設計，營造靈敏而生動的感覺

1、2、5、6號車為1列＋2列的高級座椅（皆為對號座）。座椅採用上等皮革製成，前後間隔寬達125公分

觀光特急
島風號

區間 大阪難波、京都、近鐵名古屋～賢島
距離/所需時間 176.9km（大阪難波～賢島）／約2小時23分
車廂 6輛（50000系）
行駛日/班次 1週6天（大阪難波起訖為週二停駛，京都起訖為週三停駛，近鐵名古屋起訖為週四停駛）／各往返1班 ※可能由於車廂維護等情況未經預告逕行變動
費用 乘車券2350円＋特急券1640円＋島風特別車廂費用1050円（大阪難波～賢島）
洽詢處 050-3536-3957（近鐵電車客服中心）

待在最高級舒適空間 前往伊勢志摩

連結大阪、京都、名古屋和伊勢志摩，6輛編列的觀光特急列車。3列座位配置的高級座椅加上「咖啡廳車廂」、「團體座車廂」等，度假列車才有的設備相當完備。

伊勢志摩美食饗宴

供應原創便當、啤酒、葡萄酒等，與沿線有關的「島風」獨家菜單。

搭配海鮮的「蛤蜊海鮮香料飯」（附礦泉水1700円）

沿線名店供應的甜點也很受歡迎。「甜點套餐」1300円有甜點＋烘焙點心＋飲料

使用100％松阪牛和蔬菜一起燉煮的「松阪牛重」（附熱綠茶1700円）

咖啡廳車廂為共享空間。1樓設有舒適沉靜的6席沙發座

2樓咖啡廳有面窗的13席吧檯座。能夠一邊望著眼前變換的景色，一邊享受茶飲與餐點

車廂

受歡迎的團體座席車廂

4號車（名古屋起站班次為3號車）是「團體座席車廂」，有日式、西式包廂、沙龍座這三種類型。日式、西式包廂需另付包廂費用（每間1050円）。3號車（名古屋班次為4號車）是雙層的「咖啡廳車廂」。

三區沙龍座為4～6人用的半包廂式座位

有面窗L型沙發的西式包廂（3～4人用）

採用降板式和室椅的日式包廂。能脫掉鞋子好好放鬆（3～4人用）

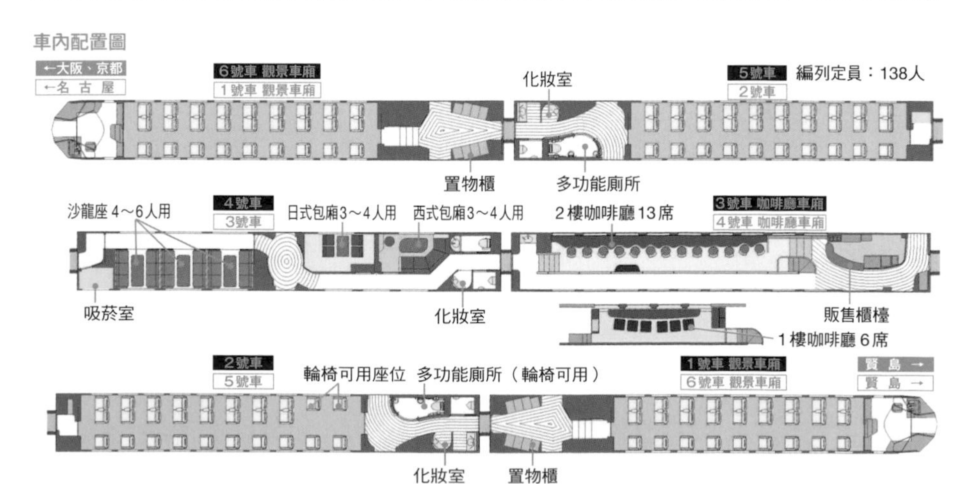

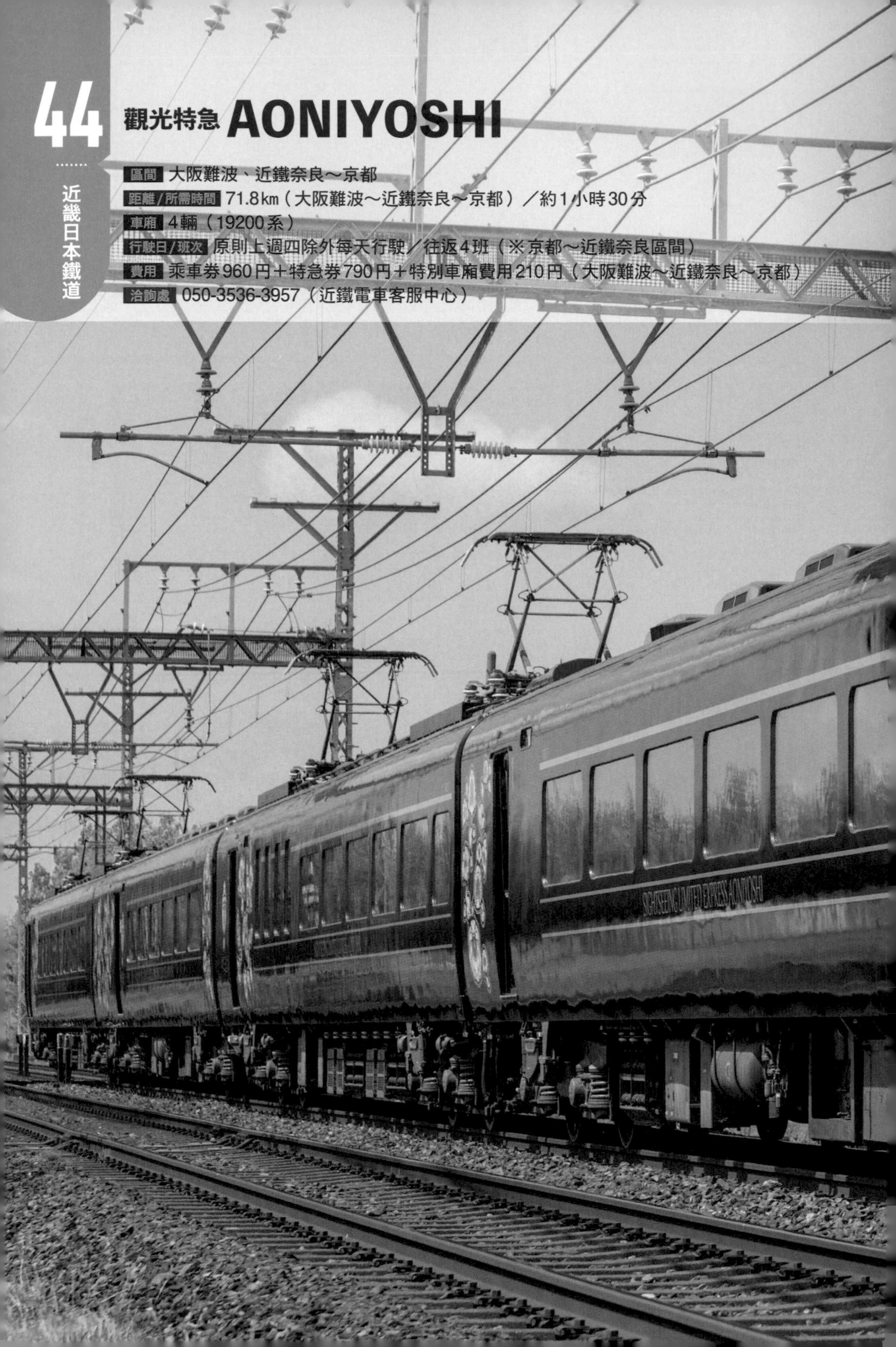

44

近畿日本鐵道

觀光特急 AONIYOSHI

區間 大阪難波、近鐵奈良～京都

距離/所需時間 71.8km（大阪難波～近鐵奈良～京都）／約1小時30分

車廂 4輛（19200系）

行駛日/班次 原則上週四除外每天行駛／往返4班（※京都～近鐵奈良區間）

費用 乘車券960円＋特急券790円＋特別車廂費用210円（大阪難波～近鐵奈良～京都）

洽詢處 050-3536-3957（近鐵電車客服中心）

直接串聯大阪、奈良、京都「三都」的觀光特急列車。車身顏色古典沉靜，設計了以正倉院寶物為主題的天平紋樣等

串聯大阪、奈良、京都 新登場的觀光特急列車

「AONIYOSHI」是與古都奈良有關的枕詞。列車由4輛車廂編列，2號車有沙龍座（團體座），4號車的圖書室有書籍、沙發座等，豐富多元的車內空間相當吸引人。原則上除了週四以外每天行駛，大阪難波～近鐵奈良～京都區間往返1班，近鐵奈良～京都區間往返3班（總計往返4班）。

用屏風隔板區分座位與通道的2號車半包廂沙龍座。通道的拱形設計等演繹出車內裝飾的高級氛圍

車內配置圖

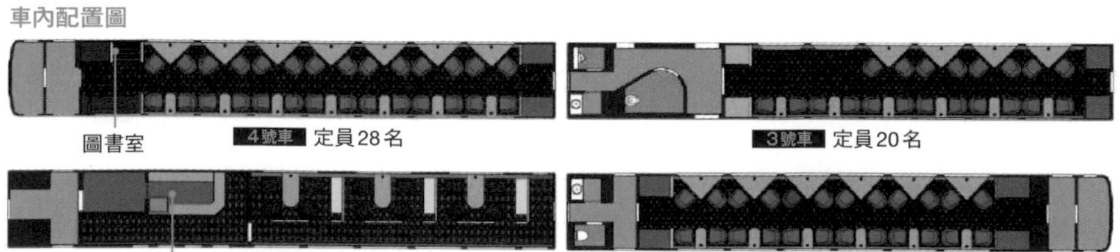

◀2022年4月登場的近鐵觀光特急列車。2號車的沙龍座為3～4人團體專用座位，能盡情享受「愜意的歷史之旅」 ▶2號車的販售櫃檯是以奈良正倉院所用的「校倉造」為意象設計而成 ▼1、3、4號車為「雙人座」。採用寬敞舒適的2列（1列＋1列）座位配置，座椅是向家具製造商特別訂製

伴手禮

車內販售品項豐富

2號車的櫃檯有販售運用奈良縣產品製作的甜點，以及車內限定的原創商品。

MAHOROBA大佛布丁（卡士達）特徵是風味濃郁（400円）

以車身顏色為意象製作的AONIYOSHI奶油夾心餅乾，是車內限定販售的原創商品（套餐1000円、單點750円）

英勳 古都千年〔京都〕(650円)

近鐵零售的啤酒釀造所「大和釀造」的精釀啤酒（生600円、瓶750円）

AONIYOSHI鑰匙圈（800円）

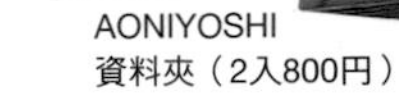

AONIYOSHI資料夾（2入800円）

AONIYOSHI 毛巾（1000円）

以深藍色為基調的金屬塗裝配上金色線條，古典雅緻的車身外觀。沿途能眺望吉野群山的景色

車身側面有寫著「Blue Symphony」的標誌。標誌下方的紋飾是以吉野美麗的群山為意象設計而成（吉野站）

45

近畿日本鐵道

觀光特急 Blue Symphony

區間 大阪阿部野橋～吉野
距離／所需時間 64.9km／約1小時20分
車廂 3輛（16200系）
行駛日／班次 原則上週三除外每天行駛／往返2班
費用 乘車券990円＋特急券520円＋特別車廂費用210円（大阪阿部野橋～吉野）
洽詢處 050-3536-3957（近鐵電車客服中心）

搭乘古典雅緻的車廂 來趟「高級大人之旅」

這款觀光列車吸引人們前往金峯山寺等世界遺產、國寶散布其中的吉野。由3輛車廂編列而成，座位為寬敞舒適的豪華座椅。還有以飯店酒吧為意象設計的休憩廳車廂，打造放鬆療癒的移動空間。

車內配置圖

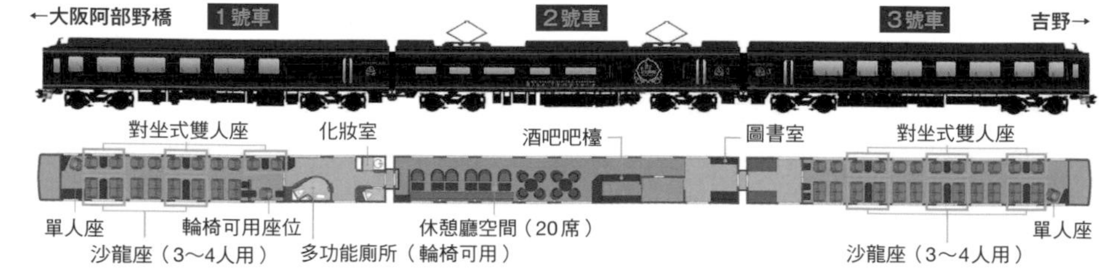

2號車的休憩廳車廂為共享空間。在設備高級的車廂內，能盡情享受舒適的大人之旅

採用通道在中間的2列＋1列座位配置。寬敞的豪華座椅充滿高級感，前後空間也很充裕。地毯與窗簾也都嚴選高級材質製作

2號車是設有大型酒吧吧檯的休憩廳車廂。販售當地特產、輕食、酒精飲料等

在舒適空間品嘗吉野美味

2號車的販售櫃檯有許多南大阪線及吉野線沿線的名店、酒廠、葡萄酒莊菜單。能在自己的座位或休憩廳享用吉野名產「柿葉壽司」等。

使用大淀町產日干番茶製成的「番茶口味」與酸甜的「草莓口味」馬卡龍（搭配咖啡或紅茶的套餐為800円）

西吉野名店「柿の専門いしい」的柿子甜點。塞滿了甜度適中的日本國產帶膜栗子餡（搭配咖啡或紅茶的套餐為750円）

使用奈良縣大和肉雞製作而成的「奈良大和肉雞咖哩」（1200円）。與Blue Symphony的「GO-ROGORO水」成套供應

46 京都丹後鐵道

丹後黑松號

區間 福知山〜天橋立、天橋立〜西舞鶴
距離/所需時間 34.8km（福知山〜天橋立）、29.1km（天橋立〜西舞鶴）／1小時1分〜1小時45分
車廂 1輛（KTR700型）
行駛日/班次 週五六日、假日／3班
費用 早餐行程5800円、午餐行程13000円、甜點行程4800円
洽詢處 0570-200-770（「WILLER TRAVEL」預約中心）

盡情享受丹後魅力的餐廳列車

行駛日以週末為主，作為全座位附餐商品來販售。每半年會更換菜單，能夠在車廂內品嘗一道道充滿丹後魅力的正統料理及甜點。

車內配置圖

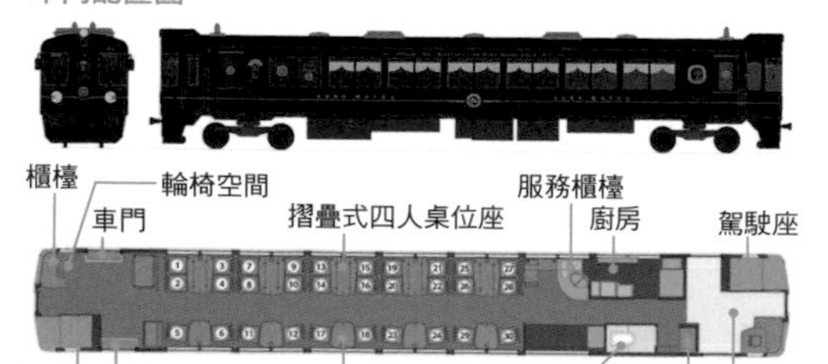

美食 大啖丹後的山珍海味

2023年4月1日〜9月30日的行程有三種，依出發順序分別是「早餐行程」（福知山→天橋立）、「午餐行程」（天橋立→西舞鶴）、「甜點行程」（天橋立→西舞鶴）。眺望恬靜田園與大海的同時品味豪華餐點，是搭乘該列車的樂趣所在。

使用當季水果與食材製作餐點的甜點行程（4800円）。能一邊欣賞黃昏時分的海岸景色一邊品嘗

 照片由京都丹後鐵道（WILLER TRAVEL株式會社）提供

丹後黑松號為遊覽京都海岸區域的熱門觀光行程。行經窗外風景最美之處由良川橋梁時會減速行駛，讓乘客能透過車窗一覽若狹灣的美景

以單輛柴油車廂行駛。漆黑的車身鑲著金色帶子，還有以松為主題的設計

設計與主題「松」相呼應的黑松標誌

丹後恬靜的景觀展現在窗外。窗戶上有京都竹簾，牆上裝飾著與松相應的掛軸

由福知山的甜點店PATISSERIE CAFE KATASHIMA提供的早餐全餐（5800円）。能盡情享受英式早餐與當季甜點

午餐行程有「當季三種地魚」、「京都肉沙朗牛排」等，使用當季食材烹調而成的懷石全餐（13000円）

丹鐵咖啡濾掛式咖啡組（900円）

每半年會更換一次全餐菜單

雙人座與四人座各配置了五桌。奢華使用水楢等天然木材的車廂內洋溢著沉靜氛圍

丹後神崎～丹後由良區間架設的由良川橋梁（全長約550公尺）靠近河口，有種橫渡海洋的感覺。這座橋還是於大正末期竣工的歷史性建築，擁有25個橋墩

設有充滿高級感的櫃檯。車勤服務員會為乘客進行沿線的觀光導覽

能一邊欣賞田園、大海等風光明媚的景色，一邊享受餐點

47

京都丹後鐵道

海之京都列車

區間 福知山～宮津、西舞鶴～豐岡

距離/所需時間 30.4km（福知山～宮津）／約1小時、83.6km（西舞鶴～豐岡）／約2小時10分

車廂 各1輛（MF100型、KTR800型）

行駛日/班次 每天／班次數視日期變動

費用 乘車券700円（福知山～宮津）

洽詢處 0570-200-770（「WILLER TRAVEL」預約中心）

2022年9月登場的「MF102」行駛於串聯海岸與山地的區間（宮福線）

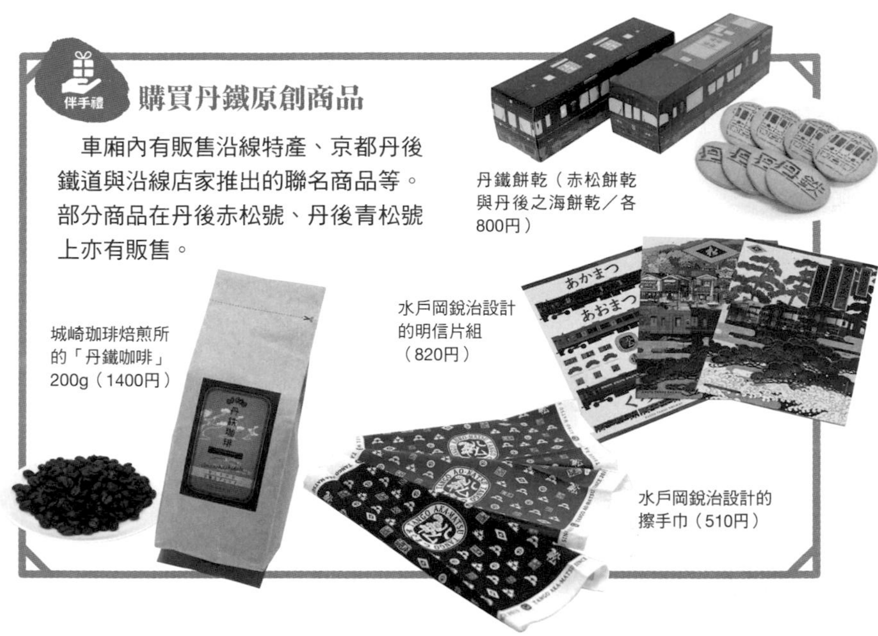

伴手禮

購買丹鐵原創商品

車廂內有販售沿線特產、京都丹後鐵道與沿線店家推出的聯名商品等。部分商品在丹後赤松號、丹後青松號上亦有販售。

丹鐵餅乾（赤松餅乾與丹後之海餅乾／各800円）

水戶岡銳治設計的明信片組（820円）

城崎珈琲焙煎所的「丹鐵咖啡」200g（1400円）

水戶岡銳治設計的擦手巾（510円）

新登場的兩種貼膜設計列車

於2022年秋季登場的貼膜設計列車，充滿了自然、生活、美食、傳統工藝等「海之京都」的魅力。有行駛於宮福線（福知山～宮津）的「MF102」以及行駛於宮舞線（宮津～西舞鶴）、宮豐線（宮津～豐岡）的「KTR801」兩種列車。

車廂內氛圍明亮。座椅採用舒適寬敞的2列＋1列配置，花紋是以傳統工藝產業「丹後縮緬（縐綢）」為主題的細緻裝飾

車身顏色為藍與綠的漸層色彩（MF102），以從海岸到山間漸變的景色為意象

48 丹後赤松號

京都丹後鐵道

事先預約制的咖啡廳列車

區間 西舞鶴～天橋立
距離/所需時間 29.1㎞／50分～1小時
車廂 1輛（KTR700型）
行駛日/班次 週六日、假日／往返2班（共4班）
費用 乘車券650円（西舞鶴～天橋立）＋乘車整理券550円
洽詢處 0570-200-770（「WILLER TRAVEL」預約中心）

以單輛柴油車行駛，車廂內設有沙發座和吧檯座。採用預約定員制（自由座），需要乘車整理券550円※

49 丹後青松號

京都丹後鐵道

不用預約即可輕鬆搭乘

區間 西舞鶴～網野、豐岡
距離/所需時間 83.6㎞（西舞鶴～豐岡）／2小時～2小時40分
車廂 1輛（KTR700型）
行駛日/班次 每天／4班
費用 乘車券650円（西舞鶴～天橋立）
洽詢處 0772-22-3307（宮津站）

會橫渡觀景景點由良川橋梁（丹後神崎～丹後由良）。每天行駛，全車自由座且無需預約。持有乘車券即可搭乘※

50 嵯峨野遊覽小火車

嵯峨野觀光鐵道

行駛於舊山陰本線的保津川溪谷

區間 小火車嵯峨～小火車龜岡
距離/所需時間 7.3㎞／約25分
車廂 5輛（SK100型、SK200型、SK300型）＋DE10型機關車
行駛日/班次 不定休（需至官網確認），可能有部分停駛。視季節可能加開臨時列車
費用 全區間880円（對號座乘車券）
洽詢處 075-861-7444

起點小火車嵯峨站就在JR山陰本線的嵯峨嵐山站旁。由國鐵時代的柴油機關車牽引5輛裝飾藝術風格的客車廂

51 天空

南海電鐵

前往高野山的參拜列車

區間 橋本～極樂橋
距離/所需時間 19.8㎞／約40分
車廂 對號座車2輛（2200系）＋自由座車2輛，總計4輛行駛
行駛日/班次 （3月～11月）週三四除外每天行駛；（12月～2月）週六日、假日／往返2班
費用 乘車券450円（橋本～極樂橋）＋對號座券520円
※對號座需在乘車日的前1～10天內電話預約
洽詢處 0120-151-519（天空預約中心）

行駛於亦有「高野花鐵道」之稱的橋本～極樂橋區間。會駛入長約20公里、海拔高度差443公尺的山岳路線，能盡情欣賞綠意盎然的溪谷景觀

※的照片由京都丹後鐵道（WILLER TRAVEL株式會社）提供

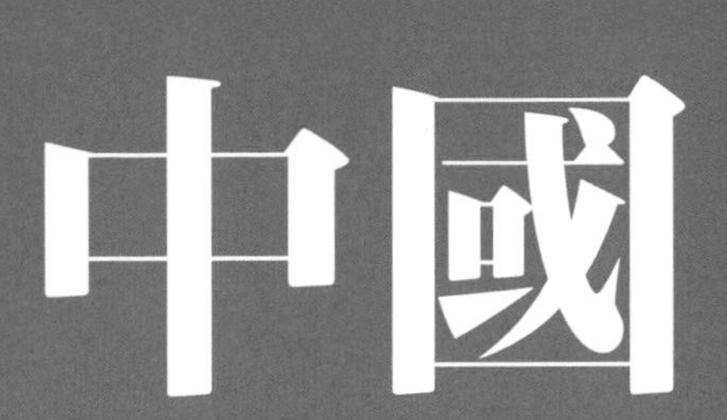
中國

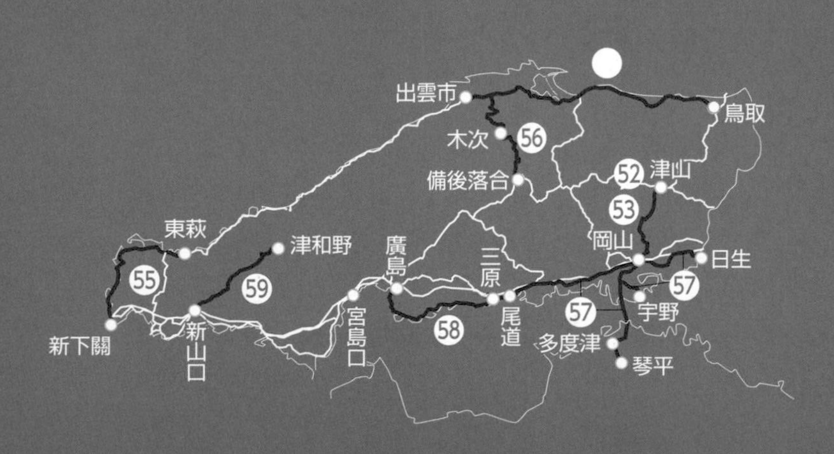

出雲市
鳥取
木次
56
備後落合
52
津山
53
東萩
津和野
廣島
三原
岡山
日生
55
59
57
新山口
宮島口
58
尾道
57
宇野
新下關
多度津
琴平

車身顏色為表現美麗大海與天空的琉璃藍。由6輛車廂編列行駛，配置了多種座椅和共享空間

52

JR西日本

特急 WEST EXPRESS 銀河

區間 紀南路線（京都～新宮）等

距離/所需時間 315.5km／（下行）約12小時20分、（上行）約11小時

車廂 6輛（117系）

行駛日/班次 每週往返2班左右

費用 與住宿費用成套販售。詳情請至官網確認

洽詢處 0570-00-2486（JR西日本客服中心）

車內配置圖

由6輛車廂編列，特徵是各個車廂有不同的座椅類型及共享空間

6號車 綠色包廂、共享空間

5號車 普通車對號座（舒展座席）

4號車 共享空間

3號車 普通車對號座（隔間包廂式座位、可調式座椅）、共享空間

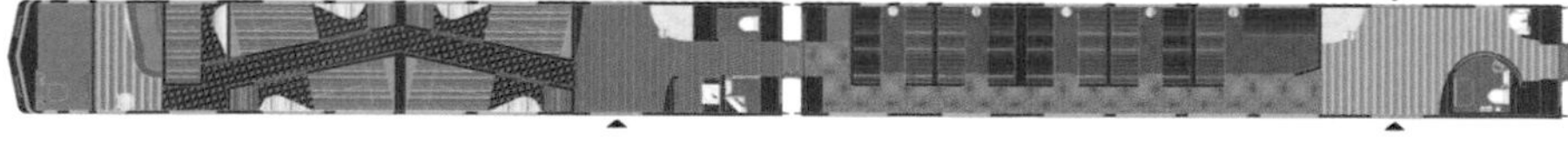

2號車 「女性專用」普通車對號座（舒展座席、可調式座椅）

1號車 綠色車廂對號座

design and produced by Yasuyuki KAWANISHI + ICHIBANSEN/nextstations for WEST JAPAN RAWAY COMPANY

行駛於JR西日本的旅遊專用豪華列車

全車座位作為（株）日本旅行的旅遊產品限定販售。各車廂的包廂及座位類型有所不同，能因應各種客群的需求。行駛區間視時期變動，近期行駛紀南路線（京都～新宮）、山陰路線（京都～出雲市）。紀南路線的下行與山陰路線為夜間行駛，是日本現今為數不多的夜行列車。

車廂

豐富的共享空間

3、4、6號車有共享空間，所有乘客都能自由使用。特別是4號車，整個車廂都是共享空間。

3號車的共享空間「明星」。桌燈映照的微光有種沉靜的氛圍

4號車的共享空間「遊星」。這裡還會舉辦特產販售等活動

1號車為綠色車廂的「頭等座」。作為夜行列車行駛時，雙人對坐式座位僅供一名乘客使用，可調式椅背能傾倒成臥鋪

新宮站附近的王子濱是連綿約4公里的弓形海岸，是熊野川帶來的砂礫隨著沿岸潮流堆積所形成

美食

享受沿線各地的名產料理

旅遊產品也有包含餐點。會在車廂內提供便當，或是讓乘客搭乘專用巴士前往附近的餐廳用餐，不管何種方式都能享受沿線的鄉土美味。

紀南路線（上行）的午餐為「<海洋＆大地＆宇宙的城鎮>串本的恩惠便當」。菜餚以近大鮪魚為主，再加上豐富的古座川野味和串本町近郊的山珍海味

紀南路線（上行）的晚餐「各種紀州美味 三熊野便當」。有嫩煎白帶魚、西式雜炊飯等，飯店使用和歌山食材所製作的西式便當

紀南路線（下行）提供的早餐便當「漁夫的早飯」。能嘗到鯛魚飯、醋漬在地章魚與卷貝等串本美味

紀南路線（下行）在和歌山站停靠時（23:42～25:00），由從剪票口步行2分可至的麵屋ひしお提供「和歌山拉麵」

3號車的「家庭包廂」(隔間包廂式座位)是設有大張長凳的半包廂房，可以供3～4人使用(有2間房)

2號車為女性專用車廂。14個可調式座椅的前後空間也比一般特急列車寬敞

5號車的「硬式臥鋪」(舒展座席)。如簡易床鋪一般能躺下休息(定員18名)

2號車的「硬式臥鋪」(舒展座席、女性專用)。一個包廂有上下兩層，共4席(定員12名)

6號車的「高級房間」(綠色包廂)。能確保私人空間的包廂總共有5間：2～3人用包廂4間、單人包廂1間

停靠在眺望太平洋的湯川站。東側是廣闊的湯川海水浴場沙灘

車窗

車窗美景與探訪風景勝地的行程也很吸引人

列車會在海岸風景勝地等處減速行駛。還有提供從車站轉乘遊覽巴士，巡遊鄰近觀光地區的貼心服務。

自串本站搭乘遊覽巴士，前往有40多個大大小小的奇岩、長達約850公尺的橋杭岩。有南紀熊野地質公園的導覽員為乘客介紹(紀南路線下行)

53

JR西日本

快速 SAKU美SAKU樂

淡粉色車身顏色是以溫泉、熱情款待帶來的療癒，以及散布在沿線的櫻花為意象設計而成。會和定期列車併結行駛

區間 岡山～津山

距離／所需時間 58.7㎞／約1小時10分

車廂 1輛（KIHA40系）

行駛日／班次 週六日、假日等／往返2班

費用 乘車券1170円（岡山～津山）＋對號座券530円

洽詢處 0570-00-2486（JR西日本客服中心）

匯集岡山魅力的特製便當與甜點

若事先預約，會提供車內限定餐點。特製便當為4300円、甜點為3500円，還能獲得中途停靠站的伴手禮（福之町建部「福之袋」）。預約請至瀨戶內觀光導覽網站「setowa」辦理（乘車日的7天前為止）。

岡山格蘭比亞大酒店監製的特製便當「岡山美作翻轉壽司」是岡山名產「散壽司」便當（岡山發車4號）

裝滿烤縣產牛肉與時蔬的「岡山縣北繽紛散壽司」（津山發車1、3號）

由以「迷你水果塔」聞名的店家STYLE推出的「岡山甜點套餐」。附白桃果汁（岡山發車2號）

福之町建部的伴手禮「福之袋」～福渡好物禮包～。內容及數量視日期而異

車廂內綠色與茶色的配色營造出復古沉靜的氛圍，是以岡山縣北區的自然為意象設計而成

車勤服務員會隨車服務，為乘客進行沿線歷史及魅力的觀光導覽

從國鐵時代1980年製造的KIHA40系柴油車改造而成的車廂。定員44名，為了讓乘客方便用餐，大部分座位的前方都有設置桌子

用特製便當與甜點展現岡山的美食魅力

2022年7月於津山線登場的觀光列車，列車名稱是從日本全國500多件投稿中挑選出來的。「踏上溫暖身心、創造美麗的旅程」是該列車的經營理念。

每班列車不同的菜單

	❶	❷	❸	❹
2號（岡山發車）	○			○
4號（岡山發車）		○		○
1號（津山發車）			○	○
3號（津山發車）			○	○

❶ 岡山甜點套餐（附白桃飲料）
❷ 岡山美作翻轉壽司（附茶）
❸ 岡山縣北繽紛散壽司（附茶）
❹ 福之町建部「福之袋」

天地的標誌，有太陽、山、海、白兔、七朵八重雲等紋飾

車身顏色為表現山陰美麗大海與天空的碧藍色。列車名稱源自於古事紀的「天地初始時～」

54 快速 天地

JR西日本

區間 鳥取～出雲市（山陰本線）
距離／所需時間 154.3km／約3小時50分
車廂 2輛（KIRO47型）
行駛日／班次 週六日、部分週一／往返1班
費用 乘車券2640円＋綠色車廂券1990円（鳥取～出雲市）
洽詢處 0570-00-2486（JR西日本客服中心）

車內配置圖

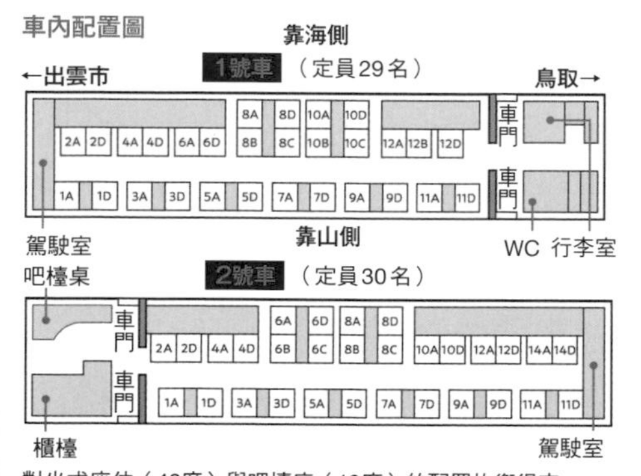

對坐式座位（40席）與吧檯座（19席）的配置均衡得宜

海、山、湖的窗外美景

山陰獨有的美麗風景也是該列車的魅力所在。行經可眺望大山、宍道湖、日本海等的車窗景點時，列車會減速行駛。

能看見位於米子附近、也被稱為「伯耆富士」的中國地區最高峰 —— 大山（1729公尺）（名和～大山口）

在松江～宍道區間窗外就是宍道湖。能看見位在對岸的松江市區、島根半島的山巒

1號車有對坐式座位與面向日本海的吧檯座。每個座位都有適合用餐的大桌面

2號車也有配置寬敞的座位。2輛車廂編列，定員59名。以原木的天然色為基調，氛圍明亮

與山陰神話有關的列車

於2018年登場的山陰本線觀光列車。特徵是與神話有關的裝飾和車內服務，全車採用綠色車廂對號座。有預約即可在車廂內享用鄉土料理及甜點。

盡情享受山陰美食

●下行（鳥取→出雲市）

每個座位都有附桌子。只要事先預約，就能在車廂內品嘗集結山陰美味的餐點和甜點（預約到乘車日的4天前為止。詳情請至官網確認）。

▲「天地御膳」（2100円）。裝滿鳥取牛、飛魚等鳥取特產及「元祖蟹壽司」的特製御膳 ◀「大江之鄉甜點套餐」（2100円）。包括使用鳥取縣八頭町「天美蛋」製作的布丁、蛋糕捲及烘焙點心等甜點

●上行（出雲市→鳥取）

▲「山陰的酒與餚」（2100円）。使用島根牛、大山雞、在地鮮魚製作的豐富鄉土料理。搭配松江市的銘酒「豐之秋」或地啤酒

▶「松江的綜合和菓子」（2200円）。由全國和菓子協會認證的「選・和菓子職」職人親手製作的和菓子。附松江中村茶舖的煎茶

2017年8月登場，行駛於本州最西端的觀光列車。能從車窗欣賞響灘的美景

55

JR西日本

快速 Marumaru no Hanashi

區間 新下關～仙崎（僅返程停靠）～東萩（山陰本線）

距離／所需時間 116.9㎞／（往程）約3小時、（返程）約3小時30分

車廂 2輛（KIHA47型）

行駛日／班次 週六日、假日等／往返1班

費用 乘車券1980円（下關～東萩）＋對號座券530円

洽詢處 0570-00-2486（JR西日本客服中心）

可利用停靠仙崎站、阿川站等的時間，拿著列車看板拍攝紀念照

沿著響灘行駛的「日西」觀光列車

由日式、西式車廂2輛車廂編列，行駛於大海景觀優美的響灘。從萩（hagi）、長門（nagato）、下關（shimonoseki）各取首假名所組成的列車名稱，與各種「hanashi（故事）」流傳的沿線風土民情也有關聯。

可獲得與列車名稱有關的圓形乘車紀念卡。背面為蓋章用紙

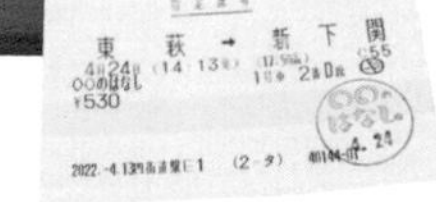

Marumaru no Hanashi的對號座券。蓋有列車名稱的車內驗票章

車內配置圖

←下關　**1號車**（定員28名）　靠海側　東萩→　庫存區（食品儲藏室）　**2號車**（定員32名）　靠海側

駕駛室　靠山側　廁所　販售櫃檯（展示櫃）　靠山側　駕駛室

1號車為日式，2號車為西式風格。配置了方便使用的附桌對坐式座位和吧檯座。

欣賞大海絕景的獨特座椅配置

車廂

由2輛車廂編列，全車對號座。1號車以「西洋憧憬的日本」，2號車以「憧憬西洋的日本」為概念，內部裝潢也表現出和、洋風格的對照。

西式風格的2號車。所有座位都是面海的沙發型雙人座（定員32名）

充滿日式風格的1號車。有雙人、四人對坐式座位，以及面海的吧檯座（定員28名）

車身外觀的設計「串聯日西的大海」橫跨了2輛車廂。繪有萩的夏橘花朵以及下關的文殊蘭

面海的吧檯座。窗戶也很寬廣，視野極佳。在某些時期可以看見沒入日本海的夕陽

販售櫃檯前的共享空間也有大片窗戶。這裡有蓋章的印台

Marumaru no Hanashi往、返程都會在阿川站停靠約10分鐘。從跨線橋上能望見車站的全景

路過

阿川站的「站舍咖啡廳」

阿川站於2020年8月配合老化候車室的重建工程，開設了店鋪「Agawa」。能在列車停靠的時間內購買飲品及輕食。

月台旁的店鋪「Agawa」有販售使用大量山陰沿線食材製作的餐點、飲品，以及當地的伴手禮

在海岸邊減速行駛

該列車行駛於海水透明度高的響灘沿岸。行經小串～湯玉區間、宇賀本鄉～長門二見區間等能眺望大海的觀景景點時會減速慢行。

對岸的青海島是北長門海岸國家公園具代表性的風景勝地，也被稱為「海上的阿爾卑斯」（長門市～黃波戶區間）

提供在三處觀景景點減速行駛的服務，能盡情享受大海美景（長門二見～宇賀本鄉）

前往山陰支線的終點仙崎

返程（往新下關）的列車會沿著從長門市分歧出去、長2.2公里的山陰支線行駛，中途停靠仙崎。14時56分抵達，停留約30分鐘。觀光小鎮不僅是前往青海島的據點，也以金子美鈴的出生地廣為人知。

仙崎是山陰本線唯一不再延伸至其他地方的終點站。月台僅有單側一線道。順著車站前的「美鈴通」步行5分可至金子美鈴紀念館

仙崎站舍。立著古早的圓柱郵筒、擁有連子格子裝飾的站舍宛如古民宅一般

56 奧出雲大蛇號

JR西日本

體驗三段式折返線

區間 木次～備後落合（木次線）※部分日程有延長自出雲市的單程路線

距離／所需時間 60.8km（木次～備後落合）／約2小時30分

車廂 2輛（12系等）＋DE10型機關車

行駛日／班次 4～11月的週五六日、假日、暑假與紅葉季節的平日等／往返1班

費用 乘車券1170円（木次～備後落合）＋對號座券530円

洽詢處 0570-00-2486（JR西日本客服中心）

行駛於中國山地的木次線。由小火車車廂、有窗的一般車廂這2輛車廂編列行駛。有三井野原高原、出雲坂根站的折返線等諸多景點 ※預定於2023年度停止營運

57 快速 La Malle de Bois

JR西日本

還有可停放4輛自行車的空間

區間 岡山～宇野、琴平、尾道、日生

距離／所需時間 32.8km／約1小時（岡山～宇野）

車廂 2輛（213系）

行駛日／班次 不定期（以週六日、假日為主）／往返1班

費用 乘車券590円（岡山～宇野）＋綠色車廂券780円

洽詢處 0570-00-2486（JR西日本客服中心）

行駛於瀨戶內地區，現代藝術風設計的觀光列車。分成「La Malle 島波」（岡山～尾道）、「La Malle 琴平」（岡山～琴平）等區間營運

58 快速 etSETOra

JR西日本

車身以瀨戶內海的藍和浪白為意象

區間 廣島～尾道（行經吳線）

距離／所需時間 104.9km／3小時

車廂 2輛（KIRO47）

行駛日／班次 週一五六日、假日等／往返1班

費用 乘車券1520円＋綠色車廂券1000円

洽詢處 0570-00-2486（JR西日本客服中心）

2020年10月登場。全車採用綠色車廂對號座，路經大海景緻優美的吳線，行駛於廣島～尾道區間。預約即可在車廂內享用甜點

59 快速 SL山口號

JR西日本

重現 SL 全盛時期的復古客車廂

區間 新山口～津和野（山口線）

距離／所需時間 62.9km／約2小時

車廂 5輛（35系）＋C57型1號機關車或D51型200號機關車

行駛日／班次 3～11月的週六日、假日等／往返1班

費用 乘車券1170円（新山口～津和野）＋對號座券530円

洽詢處 0570-00-2486（JR西日本客服中心）

從國鐵時代活躍至今的資深觀光SL。行駛於需要翻山越嶺的山口線。3號車設有SL資料展示及共享空間

※2022年11月時由於機關車狀況不佳，改以「DL 山口號」行駛

四國

60 四國真中千年物語
61 伊予灘物語
62 志國土佐 時代黎明物語
63 四萬小火車
64 藍吉野川小火車
65 慎太郎號・彌太郎號
66 鐵道 Hobby 列車
67 海洋堂 Hobby 列車

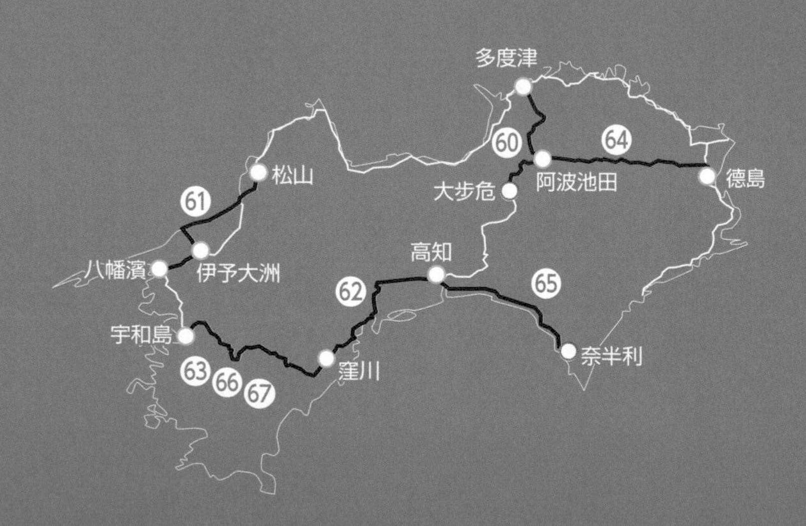

展現「四季更迭」的車廂設計。1號車是以新綠為意象設計的「春萌之章」

60

JR四國

特急 四國真中千年物語

區間 多度津～大步危（土讚線）
距離/所需時間 65.5km／約2小時30分
車廂 3輛（KIRO185系）
行駛日/班次 週六日、假日等／往返1班
費用 乘車券1300円＋特急券／綠色車廂券2700円（多度津～大步危）
洽詢處 0570-00-4592（JR四國客服中心）

3號車採用令人聯想到群山被染色的鮮橘色設計

1號車配備了以新葉萌芽為意象的翠綠色沙發

1列車會有7名車勤服務員隨車服務。制服加入了和風紋飾，隨「春、夏」和「秋、冬」變換設計

沿著吉野川溪谷行駛的豪華列車

以「大人的郊遊」為概念，演繹「四季」與「和」風情的觀光列車。下行列車（多度津發車）有「天空之鄉紀行」，上行列車（大步危發車）有「幸福之鄉紀行」的暱稱。能一邊欣賞四國第一溪谷美景，一邊享受日、西式正宗美食。

路過

拜訪珍貴的折返線車站

列車會中途停靠四國唯二的折返線車站坪尻。這裡也是日本全國屈指可數的「祕境車站」，能感受到深山寂靜的氣息。

▲右側的軌道路線為本線。由於有定期行駛的特急列車會在此通過，因此只能停靠約5分鐘，能在月台散步或拍照紀念　◀坪尻站位於四國山地深處的山坳。建於1948年的古老木造站舍，附近無人居住。的確充滿了祕境車站的氛圍　◀▼即將抵達坪尻站之前，能在車窗下方望見瀑布。因為列車會折返行駛，所以能在車窗二度看見此瀑布

車內配置圖

1號車　「春萌之章」。 定員22名

大谷燒洗臉台　車門區　螢幕　車門區

2號車　「夏清之章、冬清之章」。 定員11名

螢幕　出入口　車門區

3號車　「秋彩之章」。 定員24名

小步危、大步危附近的溪谷美景自眼前展開。行經車窗景點時會減速慢行

稀有的列車商品

車廂內能買到各種「千年物語」原創商品。

香川漆器飯碗 朱塗、溜塗、真塗（16000円）

阿波棧織餐墊（3500円）

鐵下（襪子）（650円）

大谷燒筷架（2500円）

2號車有7公尺長的長凳沙發。以圍繞地爐的風景為意象設計而成

高雅洗鍊的日、西式絕品料理

額外加購「餐點預約券」即可享受用餐服務。下行列車提供「讚岐嚴選食材的西式料理」（5600円），上行列車提供日式的「大人的野餐盒」（5100円），皆為使用香川、德島當地食材製作的道地料理。「餐點預約券」可至綠色窗口等處購買（到乘車日的4天前為止）。

上行「幸福之鄉紀行」供應的是日本料理店「味匠藤本」大廚所監製的「大人的野餐盒」。以使用檜木的三層盒箱（遊山箱）上菜

下行「天空之鄉紀行」供應的是金刀比羅宮經營的餐廳「神椿」大廚所監製的「讚岐嚴選食材的西式料理」

※菜單隨季節更換

讚岐財田站前的紅楠為樹齡約700年的大樹，以此作為繪於列車上的象徵標誌設計主題

正停靠在下灘站的伊予灘物語。2022年4月改裝翻新，由2輛變成3輛車廂

61 特急 伊予灘物語

JR四國

區間 松山～伊予大洲、八幡濱（予讚線）
距離／所需時間 68.4㎞（松山～八幡濱）／約2小時20分
車廂 3輛（KIRO185系）
行駛日／班次 週六日、假日等／4班
費用 乘車券1300円＋特急券／綠色車廂券2700円（松山～八幡濱）
洽詢處 0570-00-4592（JR四國電話服務中心）

順著伊予灘沿岸的人氣觀光列車

人氣在日本居高不下的觀光列車。以松山為起點，行駛於予讚線的沿海路線「愛之伊予灘線」。依出發順序有四種行程：「大洲篇」、「雙海篇」、「八幡濱篇」、「道後篇」。

美食 依行程提供四種不同的料理

大洲篇提供早餐；雙海篇、八幡濱篇供應午餐；道後篇提供下午茶套餐。想用餐需要在乘車日的4天前以前，至綠色窗口等處購買「餐點預約券」。

雙海篇是「內子杉木盒彩色和杉膳」（5500円）

※大洲篇的餐點刊載於P23（乘車報導）。菜單隨季節更換

使用大量愛媛食材的餐點是伊予灘物語的樂趣所在

3號車「陽華之章」。在租借包廂「Fiore Suite」能享受更高級的服務。除了使用人數的車資＋特急費用，還需要綠色包廂1間費用28000円。
※2人起可租借

從肘川鐵橋上眺望大洲藩加藤家6萬石的居城 — 大洲城（伊予大洲～西大洲）

1號車「茜之章」。設有寬敞舒適的對坐式座位、面海的靠窗吧檯座。

2號車「黃金之章」。靠海側皆為吧檯座。
若為兩人結伴，也推薦雙人座

八幡濱篇是
「門田法式料理～
伊予灘迷你全餐」（5500円）

道後篇是「伊予灘的菓織箱」
（3500円）

車廂由KIHA185系柴油車2輛編列。車頭銘板參考了坂本龍馬的家紋「組合角」設計而成

一路照料「物語之旅」的車勤服務員。下行列車「立志之抄」會在能一覽太平洋的安和站停靠10分鐘左右

62 特急 志國土佐 時代黎明物語

JR四國

- 區間 高知～窪川（土讚線）
- 距離／所需時間 72.1㎞／約2小時40分
- 車廂 2輛（KIHA185系）
- 行駛日／班次 週六日、假日等／往返1班
- 費用 乘車券1470円＋特急券／綠色車廂券2500円（高知～窪川）
- 洽詢處 0570-00-4592（JR四國電話服務中心）

車內配置圖　1號車靠窪川方向有3～4人用對坐式座位，靠高知方向有單人用「高知家的團聚座位」。2號車為全車座位面窗（單人可用）的座位設計。

←窪川　1號車 Kurofune（定員28名）　2號車 Sorafune（定員19名）　高知→

※為防範新冠肺炎，改用朝外座位

充滿幕末、維新時代氛圍的豪華列車

「志國土佐 時代黎明物語」是JR四國推出的第三彈「物語列車」，行駛於土讚線的高知～窪川區間。往窪川的列車有「立志之抄」，往高知的列車有「開花之抄」的暱稱。特徵是2輛車廂各有不同的嶄新設計。

盡情享用土佐的恩惠

高知的山、川、海是食材的寶庫。在乘車日的4天前以前購買餐點預約券（5000円），即可在車廂內品嘗高知獨有的雅緻鄉土料理。

立志之抄的「使用土佐食材的創作料理～皿鉢風～」盛滿了嫩煎舞菇鮭魚、四萬十雞炸肉餅等土佐美味

安和附近是土讚線唯一能近距離看見大海的地方，為列車最美的車窗亮點。沿線椰子生長茂盛，充滿南國氣息

令人聯想到幕末歷史與時代黎明的車內裝飾

1號車「KUROFUNE」

1號車配置的KUROFUNE車廂是以航行大海的汽船為主題，設計令人聯想到自文明開化時期萌芽的19世紀末藝術。

天花板設計是以比擬「日本黎明」的藍天為意象。和2號車的星空天花板形成對比

2號車「SORAFUNE」

2號車配置的SORAFUNE車廂是以前往太空的未來之「夢」為概念，將懷舊科幻小說中描寫的科學太空船為意象設計而成。

天花板描繪著「星空」，夢幻的車廂空間。一個人也能坐在面窗的吧檯座

※菜單隨季節更換

開花之抄的「高知家饗宴『土佐流款待』全餐」。料理容器是四萬十檜木製便當盒，特徵是明亮的木頭紋理與清新的檜木香氣

以仁淀藍聞名的清流仁淀川。
行經車窗景點時會減速行駛

車身上繪有土佐的英雄坂本龍馬。下行列車的暱稱「立志之抄」是以龍馬胸懷大志啟程的模樣為意象

2輛列車都是綠色車廂。能從吧檯座的大片窗戶欣賞南國土佐的風景

平原、海岸、山岳等多變的車窗風景。在安和附近可以看見窗外遼闊的汪洋

作為乘車紀念的伴手禮

伴手禮

由車勤服務員在車內販售的品項十分豐富。還有在車上才有的限定商品。

◀老字號和菓子店松鶴堂的櫻貝（1200円）

▶與民謠夜來小調有關的高知名點「髮簪」（750円）

使用四萬十檜木製成的原創杯墊（1000円）

與車勤服務員顏色不同的徽章（3000円）

63

JR四國

四萬小火車

區間 宇和島～窪川（予土線）

距離／所需時間 82.2㎞／2小時6分～2小時33分

車廂 2輛（KIHA54型、TORA45000型）

行駛日／班次 主要為春假、黃金週、暑假，以及秋季的週六日、假日／往返1班

費用 乘車券1870円（宇和島～窪川）＋對號座券530円

洽詢處 0570-00-4592（JR四國電話服務中心）

多次橫渡蜿蜒的四萬十川本流及支流。舒爽的河風吹進車廂內

周圍綠意環繞的江川崎站差不多位於予土線的中間位置。靜謐的山間車站前有個小小的聚落

享受日本首屈一指的清流

在四萬十川上左右穿梭，風光明媚的予土線。搭乘活用木頭質感的小火車，享受四萬十川的大自然。還能透過車窗眺望名勝沈下橋。

小火車車廂的乘車區間為江川崎～土佐大正區間。在小火車乘車區間以外的地方會聯結普通車廂以供搭乘

小火車車廂車內配置圖

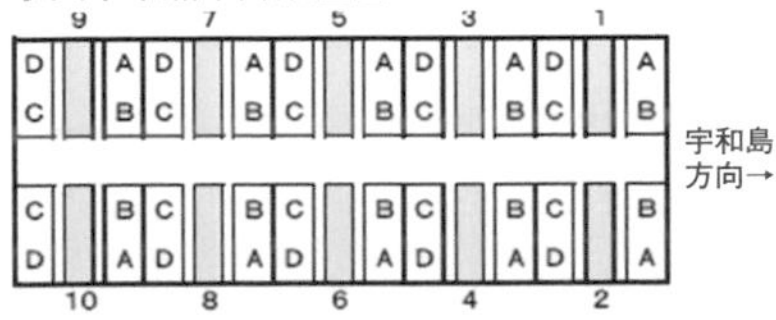

TORA45000型　定員40名

窪川發車的下行班次會有當地人在車內販售商品，宇和島發車的上行班次還有當地志工為乘客提供導覽服務

車身顏色為鮮明的金黃色。由2輛車廂編列，靠窪川方向是柴油車的普通車廂，靠宇和島方向是小火車車廂

車窗　四萬十川名勝「沈下橋」

在四萬十川流域能見到許多沒有欄杆、會在水漲時沉沒的沈下橋。本流有21座、支流有26座沈下橋，能從車窗望見其中幾座橋。

架在四萬十川支流上的金刀比羅沈下橋。沈下橋也是連結村落與村落的生活道路（西方～真土）

64 藍吉野川小火車
沿著吉野川行駛的小火車

JR四國

區間 德島～阿波池田（德島線）
距離／所需時間 74.0㎞／約2小時30分
車廂 2輛（KIHA185型、KIKUHA32型）
行駛日／班次 週六日、假日等／往返1班
費用 乘車券1660円（德島～阿波池田）＋對號座券530円
洽詢處 0570-00-4592（JR四國電話服務中心）

由小火車車廂、普通車廂這2輛車廂編列行駛。只有河川景緻相對優美的阿波池田～石井區間（約60km）能搭乘小火車車廂

65 愼太郎號・彌太郎號
海風吹拂而過的開放式甲板

土佐黑潮鐵道

區間 高知、後免～安藝、奈半利
距離／所需時間 42.7㎞（後免～奈半利）／約1小時30分
車廂 1～2輛（9640型）
行駛日／班次 每天／往返1班
費用 乘車券1080円（後免～奈半利）
洽詢處 0887-34-8800

行駛於高知縣東部的後免、奈半利線的觀景列車。靠海側車廂是打造成共享空間的開放式甲板，當太平洋海岸出現在眼前時，車內會充滿浪潮的香氣

66 鐵道Hobby列車
以初代新幹線0系為意象

JR四國

區間 宇和島～近永、江川崎、窪川（予土線）
距離／所需時間 82.2㎞（宇和島～窪川）／2小時5分～2小時46分
車廂 1輛（KIHA32型）
行駛日／班次 每天（逢檢查、維護等時，改以一般車廂行駛）／往返2班
費用 乘車券1870円（宇和島～窪川）
洽詢處 0570-00-4592（JR四國電話服務中心）

車廂採用一旦見過就不會忘記的設計，還設置了實際用於0系新幹線的座椅。車廂內也有展示許多鐵道模型，也設有可實際投遞信件的郵筒

67 海洋堂Hobby列車
沉浸在河童的世界中！

JR四國

區間 宇和島～近永、窪川（予土線）
距離／所需時間 82.2㎞（宇和島～窪川）／2小時5分～2小時35分
車廂 1輛（KIHA32型）
行駛日／班次 每天（逢檢查、維護等時，改以一般車廂行駛）／往返2班
費用 乘車券1870円（宇和島～窪川）
洽詢處 0570-00-4592（JR四國電話服務中心）

正式名稱為海洋堂Hobby列車「河童扭扭號」。車內設有可以和河童一起拍照的人偶，展示櫥窗裡陳列著許多河童公仔模型等

九州

- 68 特急 36 ＋ 3
- 69 COTO COTO 列車
- 70 THE RAIL KITCHEN CHIKUGO
- 71 雙星 4047
- 72 由布院之森
- 73 阿蘇男孩！
- 74 島鐵 CAFE TRAIN
- 75 橙食堂
- 76 指宿之玉手箱
- 77 SL 人吉
- 78 YUSUGE 號
- 79 坐 A 列車去吧
- 80 海幸山幸

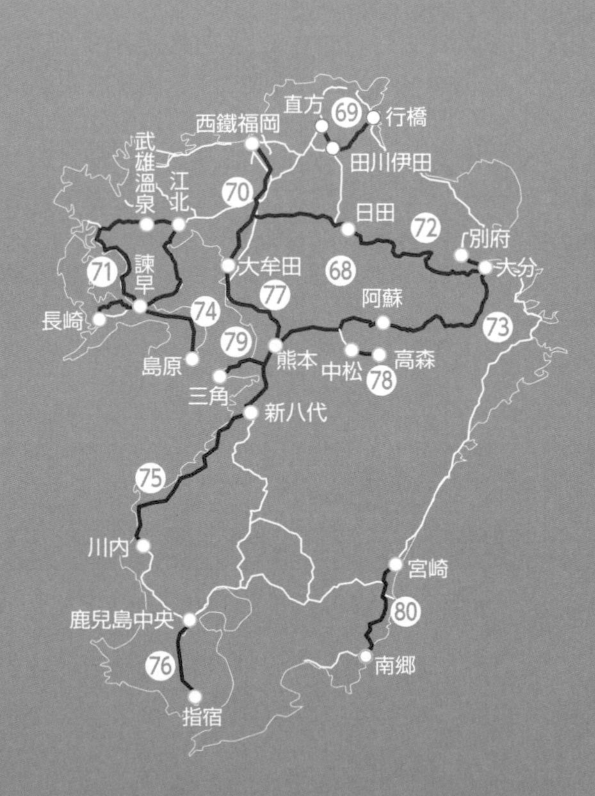

以金色為基調、充滿高級感的LOGO標誌，設計在車廂前面與側面的位置

▲3號車有販售九州美食的自助吧，使用銅、鋁打造而成的時尚空間　▶5、6號車為綠色車廂座椅，採用1列＋2列的寬敞舒適座位。僅購買車票的「綠色車廂座椅方案」是搭乘此車廂

68

JR九州

特急36＋3

區間 九州全區
距離/所需時間 視週幾變動
車廂 6輛（787系）
行駛日/班次 1週行駛5天
費用 博多～鹿兒島中央的午餐方案（5、6號車）23000円～等
洽詢處 092-474-2217（ARU列車、36+3洽詢窗口）。營業時間為9時30分～17時。週二、過年期間休

遊覽九州全區的豪華列車

2020年10月登場的特急36＋3。週四自博多站出發，在5天內遊覽九州七縣。座位以1天為單位販售，有午餐方案、綠色車廂座椅方案（僅購買車票）這兩種乘車方案。由6輛車廂編列，全車綠色車廂座椅。1～3號車為包廂型，5、6號車為座椅型的豪華客車廂。

特急36＋3車內配置圖

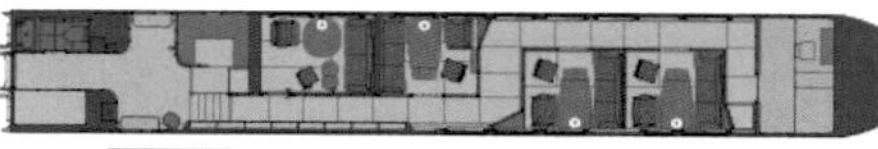

1號車 綠色包廂（定員3～4名，4間）

2號車 綠色包廂（定員3～6名，3間）

3號車 綠色包廂（定員1～2名，6間）、自助吧

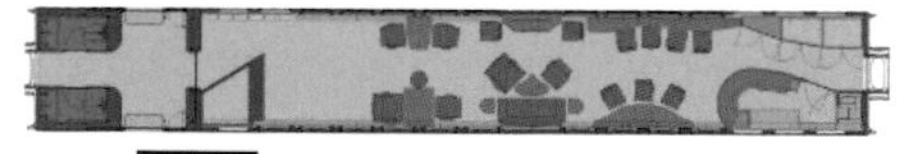

4號車 複合式車廂

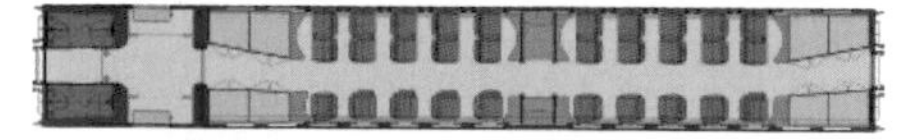

5號車 綠色車廂座椅（30席）

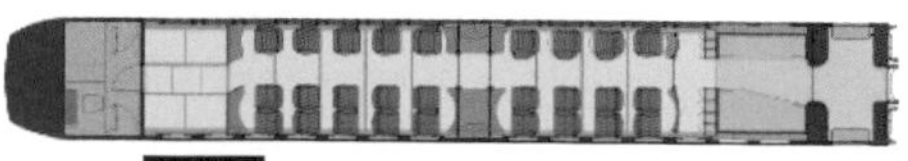

6號車 綠色車廂座椅（27席）

保障私人空間的綠色包廂

1～3號車的綠色包廂僅作為與餐點成套的旅遊產品「午餐方案」販售。1號車為供3～4人，2號車為供3～6人，3號車為供1～2人使用的包廂。

▲1號車散發出古典沉靜的氛圍。地板有鋪設榻榻米，能脫鞋入內好好放鬆 ◀3號車有6間隔間包廂。單人使用時，需要加收費用

將在來線主力特急787系電車加以改造而誕生。外觀採用以「黑森林」為意象的金屬塗漆

69

平成筑豐鐵道

COTO COTO列車

區間 直方～田川伊田～直方～行橋
距離/所需時間 74.6km／約3小時20分
車廂 2輛（400系）
行駛日/班次 週六日、假日／1班
費用 法式全餐17800円
洽詢處 0947-22-1000（平成筑豐鐵道）

1號車還有廚房及服務櫃檯

2號車定員30名。確保了空間舒適寬敞，氣氛相當適合用餐

列車由2輛車廂編列行駛。鮮明的酒紅色車身與沿線風景相映成趣

行駛於筑豐地區的美食列車

於2019年3月登場，能夠品嘗道地法式全餐料理的列車。行駛於平成筑豐鐵道的伊田線（直方～田川伊田）、田川線（田川伊田～行橋)，窗外是恬靜的里山田園風景。

1號車定員18名。桌位座排在通道兩側。使用大量木頭的內部裝潢是設計師水戶岡銳治獨有的風格

美食

當地食材的奢華結晶

車內提供的料理是由獲選為「亞洲50最佳餐廳」的福岡市法式料理店「La Maison de la Nature Goh」福山剛主廚所監製。

法式全餐料理（6道）之一的範例。能嘗到講求地產地銷的道地法式料理

車內配置圖

豪華的客車廂與餐點，再加上專為欣賞車窗風景所安排的座椅配置，正是水戶岡的風格

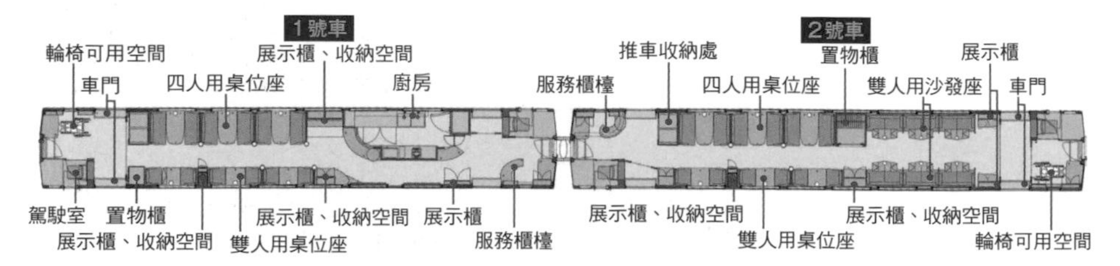

列車外觀是以餐桌桌巾為意象設計的紅格花紋

將大川市家具職人製作的桌椅擺得寬敞舒適（1號車）

2號車備有以「窯」為中心的大型開放式廚房。能看見廚師們烹調的模樣

享受筑後魅力的列車之旅

於2019年3月登場，西日本鐵道首次推出的附餐列車。車內設有廚房，能品嘗使用沿線食材製作的料理。內部裝潢添加了城島瓦等沿線地區的傳統工藝。

70 THE RAIL KITCHEN CHIKUGO

西日本鐵道

區間 西鐵福岡（天神）⇔花畑、西鐵福岡（天神）→大牟田
距離／所需時間 74.8㎞（西鐵福岡〔天神〕～大牟田）／約2小時30分
車廂 3輛（6050系）
行駛日／班次 週四五六日、假日／2班
費用 品嘗在地美食的稍早午餐、品嘗在地美食的稍晚午餐（皆為8800円）
洽詢處 092-734-1903（西鐵旅行㈱ 天神分店 THE RAIL KITCHEN CHIKUGO預約中心）

車內配置圖

由3輛車廂構成。1、3號車為客座車廂，2號車大部分為廚房空間。全車都能感受到為使乘客盡情享用餐點而用心設計的地方

←大牟田　　福岡→

1號車
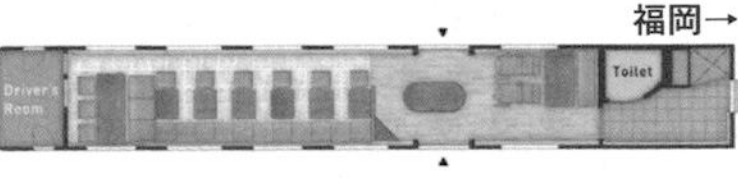

2號車

3號車
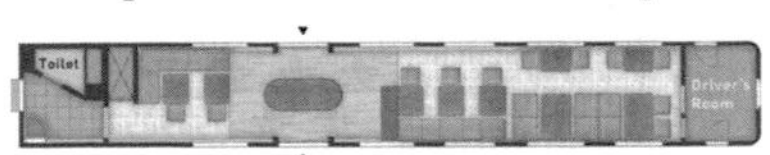

各行程的時刻及費用

行程	出發站	抵達站	費用
品嘗在地美食的稍早午餐	西鐵福岡（天神）站 平日10:10發車 週六日、假日10:11發車	西鐵福岡（天神）站 平日12:50抵達 週六日、假日12:33抵達 （於花畑站折返）	8800円
品嘗在地美食的稍晚午餐	西鐵福岡（天神）站 平日13:40發車 週六日、假日13:23發車	大牟田 平日16:05抵達 週六日、假日15:29抵達	8800円

人氣廚師監製的全餐料理

行駛日為1天往返2班，有「稍早午餐」和「稍晚午餐」這兩種行程。能嘗到使用當地新鮮食材所製作的原創全餐料理。

有前菜、肉類料理、魚類料理、甜點的全餐。料理由博多的「Restaurant Sola」等三位沿線的人氣法式主廚監製

※菜單隨季節更換

中途在車站停留也是該列車的魅力所在。在千綿站能將美麗的大村灣海景盡收眼底，復古的木造站舍也值得一見

抵達配合新幹線開業而翻新的長崎站。月台尾端處有加高的緩坡觀景平台，從這裡眺望長崎港等處的視野良好

71

JR九州

特急 雙星4047

區間 武雄溫泉～長崎
距離／所需時間 106.1km（上午）、105.4km（下午）
車廂 3輛（KIHA40型、KIHA47型）
行駛日／班次 週一五六日、假日／2班
費用 乘車券1850円＋對號座特急券2330円（武雄溫泉→長崎）
洽詢處 0570-04-1717（JR九州服務中心）

JR九州最新型D＆S列車

與西九州新幹線開業同時登場。上午與下午行駛不同路線，上午的有明海路線（武雄溫泉→長崎）以長崎本線為主，下午的大村灣路線（長崎→武雄溫泉）會行經大村線。

相對於行駛內陸的西九州新幹線，「雙星4047」行駛面「海」路線。大村線則是沿著風平浪靜的大村灣岸

車內配置圖

3輛編列／定員87名

1號車 普通車對號座　**2號車** Lounge 40　**3號車** 普通車對號座

 ※乘車報導刊載於P4～9

列車名稱的「雙星」是指佐賀縣與長崎縣，「4047」則是代表所用的車廂KIHA40型和KIHA47型

1、3號車有可調式座椅和面海吧檯座

2號車為「Lounge 40」。作為共享空間的整輛車廂設有沙發座及面窗吧檯座，能在此舒適地放鬆

以佐賀縣、長崎縣這兩個九州觀光之「星」並立的模樣為意象所設計的LOGO標誌。彷彿能感受到旅途的興奮期待

鄉土風情滿溢的車內商店

備有販售櫃檯的2號車「Lounge 40」以「雙星4047」的原創商品為首，有販售各種活用西九州地區特色的名產。

「住吉酒販」精選的佐賀、長崎嚴選酒（品牌視時期而異）

將長崎市西點店「MAMAN GÂTEAU」的人氣菜單「熱舒芙蕾※」改造成車內販售商品

諫早市的「あじさい菓房」製作的「雙星4047」原創果凍（照片左），以及用鹿島產「Kara Mandarin」製成的伊木力柑橘果汁（右）

雲仙市小濱的雪酪冰棒專賣店「R CINQ FAMILLE」製作的列車限定雪酪冰棒等。各季節會精選不同的商品販售

※只在下午的大村灣路線販售。屬於事先預約商品，需至網站預約

湯布院在日本全國也是數一數二的高人氣溫泉觀光地。由布院站的1號線月台有放流式足湯（天候不佳時不開放）

72

JR九州

特急 由布院之森

區間 博多～由布院、別府（久大本線）

距離／所需時間 134.8㎞（博多～由布院）／約2小時10分

車廂 〔由布院之森Ⅰ世〕4輛（KIHA70型）、〔由布院之森Ⅲ世〕5輛（KIHA72型）

行駛日／班次 每天／往返3班

費用 乘車券2860円＋對號座特急券2330円（博多～由布院）

洽詢處 0570-04-1717（JR九州服務中心）

地板為原木紋路的木質地板，散發古典氛圍。屬於高底盤車廂，故車廂聯結處的構造較為獨特

搭乘大窗景車廂前往熱門溫泉勝地

由布院之森是1989年登場的JR九州D＆S列車先驅。採用以綠色為基調、風格嶄新的大窗景車廂，行駛在九州首屈一指、景觀極其優美的久大本線。

感覺像是身處在森林中的飯店，舒適療癒的空間。全車廂皆為座椅位置較高的高底盤車廂，窗戶很大，能盡情欣賞窗外的風景

車廂前頭與側面有充滿高級感的「由布院之森」標誌

與山間綠意調和的金屬綠色車身。出色的車廂設計榮獲日本優良設計獎

車窗

久大本線的車窗景點

沿著玖珠川與由布院盆地的久大本線是九州首屈一指的山岳路線，車窗風景秀麗。行經車窗景點時，車勤服務員會播送觀光導覽介紹。

下行列車一過豐後森站，就能在右手邊看見登錄有形文化財豐後森機關車庫

下行列車（往別府方向）一出杉河內站，流入玖珠川的「慈恩瀑布」便在右側車窗乍現（杉河內～北山田）

山形像極了樹樁的伐株山（海拔685公尺）。山頂附近有玖珠城遺址（北山田～豐後森）

列車最前端的觀景座位能夠享受正前方的車窗景色。當上、下行列車接近由布院站，就可以從正面看見由布岳（豐後富士）

車身內外合計一共有101隻列車吉祥物「小黑」

經過阿蘇、橫越九州的特急列車。所使用的KIHA183系車廂過去也曾用於特急「由布DX」。駕駛室位在2樓

73

JR九州

特急 阿蘇男孩！

區間 熊本～別府（豐肥本線、日豐本線）
距離/所需時間 160.1km／約3小時25分
車廂 4輛（KIHA183系）
行駛日/班次 週六日、假日、長假等／往返1班
費用 乘車券3300円＋對號座特急券2730円（熊本～別府）
洽詢處 0570-04-1717（JR九州服務中心）

以折返線前進阿蘇破火山口

受到地震影響的豐肥本線於2020年8月全線開通，熊本～別府區間重新運行。行駛於世界規模最大的阿蘇破火山口（火口原），沿線有中央火口丘的景觀、立野站三段式折返線等諸多景點。

車廂

車廂內宛如遊樂園一般

3號車為「家庭車廂」，設有親子座位、木球池、繪本區，也有販售輕食的自助吧。是親子可以同樂的車廂。

也有沙發「繪本區」（因應新冠肺炎可能不開放使用）

孩子們可以在裡頭遊玩的「木球池」

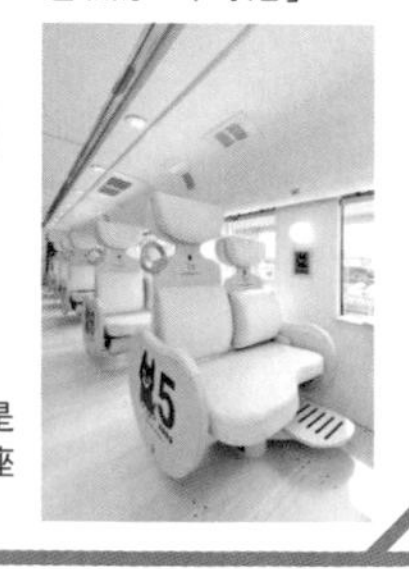

「白色的小黑座椅」是可以轉換方向的親子座椅。靠窗側是兒童座

先頭車（1、4號）有180度正面景觀的觀景座位。坐在這裡感覺自己就好像是駕駛員

車廂內的販售櫃檯「小黑咖啡」。還設置了兒童用的矮吧檯座

4號車的休憩廳有寬敞的沙發和面窗的長凳

九州精彩的廣闊景觀

在赤水～宮地區間，列車行駛於東西18公里、南北24公里的世界規模最大的阿蘇破火山口內部。北側為阿蘇外輪山，南側為又名為「阿蘇五岳」的中央火口丘，景色十分壯麗。

位於阿蘇外輪山山腰的波野站海拔754公尺，是JR九州位於最高處的車站。周圍宛如高原

「阿蘇五岳」(中央火口丘)的景觀。也被稱作釋迦牟尼佛涅槃像，左邊鋸齒狀的山是根子岳，相當於「臉」

宮地站是最靠近肥後一之宮阿蘇神社的車站。站舍懸掛著大大的注連繩

列車亮點 — 三段式折返線

立野站位在從平原進入阿蘇破火山口的入口處。這裡有在日本全國也很少見的三段式折返線，列車會二度變換行進方向，以之字形曲折地駛上陡坡。

在折返線的立野站，所有列車都會改變行進方向。這裡也是南阿蘇鐵道（現在部分區間停駛）的分岐站

立野站上方的折返線。駛上33‰的陡坡區段，前進阿蘇火口原

74 島鐵CAFE TRAIN

島原鐵道

區間 諫早～島原
距離／所需時間 40.5km／2小時
車廂 2輛（KIHA2500型）
行駛日／班次 週六日、假日等，不定期行駛／1班
費用 午餐行程、甜點行程皆為6000円
※附島原→諫早的返程乘車券
洽詢處 0957-62-4705

負責沿線導覽、甜點介紹的車勤服務員為大家服務

行駛於島原半島的午餐&甜點列車

島鐵CAFE TRAIN於2022年以新貼膜列車之姿登場。供應午餐行程和甜點行程，在諫早～島原區間悠哉行駛2小時。能透過車窗盡情享受有明海沿岸等處的自然風光，以及品嘗當地美食。

四人對坐式座位設有桌子，布置得像咖啡廳的車廂內部

抵達有「日本最靠海的車站」之稱的大三東站。會在該站停靠45分鐘，乘客可以在景色舒爽的月台上散步

可以在島原附近眺望雲仙普賢岳。窗外生動的大海與山岳美景是島原鐵道獨有的魅力

行駛於島原半島的午餐&甜點列車

午餐行程供應「午餐及甜點」，甜點行程提供「輕食與甜點」。能一邊感受列車舒適的搖曳感，一邊享用諫早、島原等當地美食。

午餐行程

以長崎縣特產雞「長崎BATTEN雞」雞胸絞肉所製作的雞肉漢堡排與拌飯非常搭

島原市的老字號西點店「必勝堂VICTOIRE」最熱門商品「C'est si bon」具有海綿蛋糕和奶油的鬆軟口感

「御飯糰BOX」包含人氣「自行車飯」、「紫米雜糧」製成的御飯糰，以及使用雲仙島原雞製作的米蘭雞排

盛滿拌入馬斯卡彭起司的鮮奶油、卡士達醬和自製莓果醬的「草莓塔」

由諫早市的蛋糕咖啡廳「カキュー」提供，以長崎縣產草莓製成的西點風草莓大福

油炸素麵製成的點心「AGETOTTO」（起司胡椒口味）口感酥脆，散發出香醇的起司風味

使用雲仙產胡蘿蔔製作的「雲仙蔬菜布丁」。雞蛋、牛奶皆是使用雲仙的食材，不含防腐劑及添加物的健康甜點

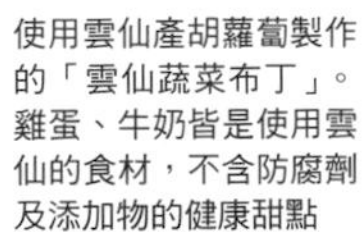

甜點行程

在舒芙蕾蛋糕中夾入卡士達醬&鮮奶油，做成漢堡風「口之津漢堡」

車身顏色讓人想起湛藍大海。又名為不知火海的有明海景色自窗外展開（上田浦～田浦御立岬公園）

在某些時段有機會看見沉入東海的夕陽。亦有行經車窗景點會暫時停車或減速行駛的服務

75

肥薩橙鐵道

快速 橙食堂

區間 新八代、八代～川內
距離／所需時間 119.7km（新八代～川內）／約4小時
車廂 2輛（HSOR-100A型）
行駛日／班次 週五六日、假日／1天3班
費用 第1班早餐4000円，第2班特製午餐22000円，第3班夕陽晚餐（冬季班次）10000円、（夏季班次）15000円／僅乘車方案（乘車車資＋座席指定券）
洽詢處 0996-63-6861（橙鐵道預約中心）

行駛於南九州西海岸的美食列車

由Dining Car及Living Car這兩輛車廂編列行駛，車廂空間宛如餐廳。有各種附餐點的行程，由車內廚房提供熱呼呼的飯食和湯品。窗外有明海與東海的壯麗景色亦為其魅力所在。

第3班「夕陽晚餐」（冬季班次）。料理出自薩摩川內市「S CUBE HOTEL by SHIROYAMA」，從前菜到主菜的法式全餐

美食

由一流主廚、廚師所製的橙食堂招牌料理

附餐方案有「早餐」（第1班）、「特製午餐」（第2班）、「夕陽晚餐」（第3班，分冬、夏季班次）。料理是由沿線合作餐廳及飯店現做出餐，因此主要使用沿線七個城鎮的食材。

第2班「特製午餐」。由「鮨割烹まこと」或法式餐廳「Chez Kashiwagi」（出水市）每月輪流供餐（照片由まこと提供）

※菜單隨季節更換

提供美食列車貼心服務的橙食堂團隊

由刀叉組合成美食列車獨有的車身標誌

2號車Living Car定員20名。有雙人用沙發座和桌位座。掛著白色簾子，營造出適合用餐的車廂空間

1號車Dining Car定員23名。設有酒吧吧檯，就像飯店的咖啡餐廳一樣。靠海側設置了吧檯座

車內有販售鑰匙圈（900円）、B6線圈筆記本（600円）等「橙食堂商品」

車內配置圖　由1號車Dining Car和2號車Living Car共2輛車廂編列而成。1號車定員23名、2號車定員20名

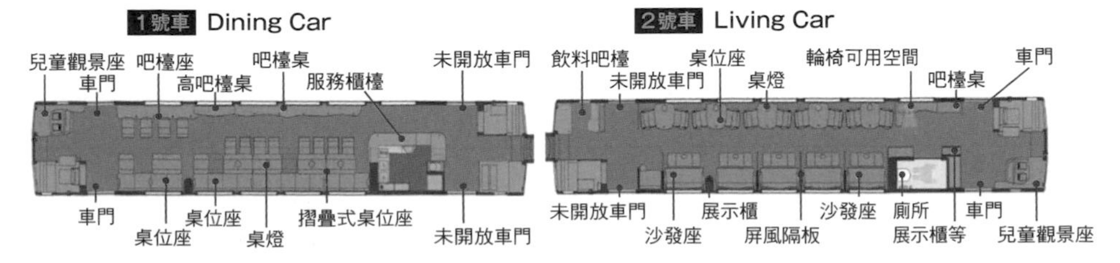

76

JR九州

特急 指宿之玉手箱

區間 鹿兒島中央～指宿（指宿枕崎線）
距離/所需時間 45.7㎞／約50分
車廂 2輛（KIHA47型）
行駛日/班次 每天／往返3班
費用 乘車券1020円＋對號座特急券1280円（鹿兒島中央～指宿）
洽詢處 0570-04-1717（JR九州服務中心）

沿著南國風情滿溢的錦江灣行駛。黑白配色象徵浦島太郎年輕時與變老時的髮色

行駛於JR最南路線的「玉手箱」列車

沿著錦江灣行駛在南國風情滿溢的指宿枕崎線。列車名稱源自於薩摩半島流傳的龍宮傳說。特徵是車身顏色那靠海側為白、靠山側為黑的大膽設計。

車廂內繽紛的色彩與外觀形成對比。1號車的吧檯設有旋轉式座椅，能從窗戶欣賞錦江灣的美景

1號車的地板與桌子採用於遊艇等處常見的柚木木材

終點指宿以「砂蒸溫泉」聞名，為九州屈指可數的溫泉勝地。車站前有足湯

2號車為使用南九州產杉木木材的車廂。有書櫃的沙發區是共享空間，能在此舒適地放鬆

2號車的兒童座椅是共享空間。設置了兒童專用的矮吧檯桌

所有乘客都能獲得的紀念乘車證。可以使用車廂內的印台在背面蓋章

一邊眺望對岸的大隅半島與櫻島，一邊行駛於錦江灣沿岸。沿線的椰子樹也很茂盛，充滿南國氣息

77 JR九州

SL人吉
響亮的汽笛聲與悸動令人懷念

區間 熊本～島栖（鹿兒島本線）
距離／所需時間 89.8㎞／約2小時50分
車廂 3輛（50系）＋8620型58654號機關車
行駛日／班次 週六日、假日等／往返1班
費用 乘車券1680円（熊本～島栖）＋對號座券1680円
洽詢處 0570-04-1717（JR九州服務中心）

抵達島栖站的SL人吉。肥薩線受到豪雨影響無法通行，如今是行駛在熊本～島栖區間。由日本現役最古老的蒸汽機關車、於1922年製造的「86」牽引列車

78 南阿蘇鐵道

YUSUGE號
行駛於雄偉的阿蘇破火山口

區間 中松～高森
距離／所需時間 7.1㎞／約20分
車廂 4輛（TORA700型等）＋DB16型機關車
行駛日／班次 春假、暑假、3～11月的週六日、假日等／往返4班
費用 800円（中松～高森）
洽詢處 0967-62-0058

行駛於2016年受到熊本地震影響的阿蘇鐵道重建區間的小火車。北邊的阿蘇中央火口丘、南邊的阿蘇外輪山，山岳景觀十分出色

79 JR九州

特急 坐A列車去吧
播放爵士名曲的異國情調列車

區間 熊本～三角（三角線）
距離／所需時間 36.5㎞／約50分
車廂 2輛（KIHA185系）
行駛日／班次 週六日、假日、長假等／往返3班
費用 乘車券760円＋對號座特急券1280円（熊本～三角）
洽詢處 0570-04-1717（JR九州服務中心）

以「16世紀於天草流傳的南蠻文化」為主題的觀光列車。有酒吧吧檯「A-TRAIN BAR」，以美酒和背景音樂演繹時尚的大人之旅

80 JR九州

特急 海幸山幸
行駛於日南線的度假特急列車

區間 宮崎～南鄉（日南線）
距離／所需時間 55.6㎞／約1小時30分
車廂 2輛（KIHA125型）
行駛日／班次 週六日、假日、長假等／往返1～2班
費用 乘車券1310円＋自由座特急券600円（宮崎～南鄉）
洽詢處 0570-04-1717（JR九州服務中心）

列車名稱源自於日本神話中的「海幸彥山幸彥」。座椅及內部裝潢採用了當地名產飫肥杉，能感受到木頭的溫暖與穩重感

享受「移動」的列車之旅

觀光列車 活用技巧

關於日本主要80款觀光列車的介紹至此告一個段落。由於列車種類繁多，因此本單元將搭車前的注意要點大致整理出來。接下來就要解說觀光列車的車票、餐點預約流程等享受方法及活用技巧。

日本的觀光列車千差萬別。配合沿線風景和飲食文化，特色豐富的列車行駛在各個地區。沒有其他國家像日本擁有如此多種的觀光列車。

要將觀光列車分門別類的話，可以概略分成「觀景」、「美食」、「SL」、「小火車」、「款待」等取向。有的列車甚至囊括了兩、三種類別，讓搭乘的樂趣更上一層樓。

觀景列車

日本鐵道的車窗景色非常漂亮。豐富細緻的自然風光，加上隨著四季流轉的變化。高原、溪谷、海岸風景等變化多端的車窗風景，正是鐵道旅行的樂趣所在。觀景列車的重點在於欣賞窗外風景，特徵是寬大的車窗以及精心設計的座位配置。面窗座位和面向正前方的觀景座位等，論誰見了都能帶著童心盡情享受美景。

海里的先頭車為能看見正前方的觀景室。可以欣賞生動變化的車窗景觀

美食列車

近年來，在車廂內用餐的「奢華之旅」很受歡迎，推出了許多聯結餐車的觀光列車。多行駛於景色優美的路線也是「美食列車」的特徵之一。供應的料理涵蓋日式、西式、甜點等相當豐富，能盡情享受沿線的美味。想在列車上用餐，大多需要購買附餐乘車方案，或是事先購買「餐券」。

一萬三千尺物語所提供的懷石料理。一邊看著車窗美景一邊用餐，是鐵道旅行中最棒的奢華享受

SL列車

1975年時，蒸汽機關車自全國定期旅客列車的行列中退場。然而，最近充滿復古風情的「昭和蒸汽機關車之旅」重返市場，SL的人氣持續上升，現在日本各地都有觀光SL運行。

蒸汽機關車擁有其他列車沒有的特殊存在感。牽引著復古客車廂，沿線的風光景物也保有過往的氛圍，是將日漸淡薄的昭和風貌凝聚起來的列車。

關於餐點預約

全日本有非常多在車廂內供餐的「美食列車」。一邊眺望恬靜的車窗風景，一邊品嘗富含地方色彩的料理，是很特別的體驗。

諸如「花嫁暖簾號」、「四國真中千年物語」等，也有想在列車上用餐就需要先購買「餐點預約券」（名稱視公司而異）的情況。要特別留意的是，通常在乘車日的3～7天前就會完售。此外，「餐點預約券」等票券一旦超過購買期限日，大多無法進行退款。

明知鐵道「寒天列車」的懷石料理，多達20種菜色十分壯觀

購買車內限定商品

觀光列車還有只能在車上買到的原創商品，是市面上少見且具有價值的人氣商品。最適合買來當作乘車紀念及伴手禮了。

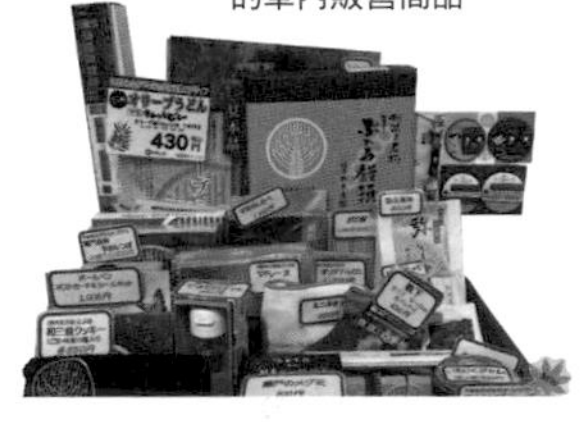

四國真中千年物語的車內販售商品

傳承昭和鐵道情懷的漆黑車身。SL人吉是由100年前製造的蒸汽機關車牽引

行駛於JR西日本轄內的WEST EXPRESS 銀河。會舉辦迷你遊覽行程等多種活動

款待列車

為了讓乘客享受移動本身的樂趣，各家鐵道公司構思的嶄新列車在各地行駛。沙發座、隔間包廂等多種款式的座椅，雅緻簡約的裝潢、各種車內活動等，處處可見充滿「款待」精神的獨特巧思。適合團體旅行的包廂座位變多也是最近的趨勢。

享受列車舉辦的活動

觀光列車會舉辦演奏會、猜拳大會、當地產品的試吃販售會等，花巧思規劃車內活動。像是「能登里山里海號」的郵車參觀、「HIGH RAIL 1375」的星空觀察會等，也有能下車遊玩的活動。不妨事先掌握舉辦活動的車廂、車站、區間，積極地參與其中。還有能透過抽籤會等獲得原創商品的列車。

越後心動度假列車 雪月花號會在隧道內的筒石站舉辦迷你遊覽行程。能和導覽員在斜坑轉作而成的通道散步

風光明媚的路線上有許多小火車，能感受沿線吹拂的風（藍吉野川小火車）

小火車列車

大人小孩都能開心搭乘的小火車，大多行駛在海岸、高原、溪谷、濕原等能貼近大自然的路線上，也有不少由現今罕見的機關車牽引的「客車列車」。車勤服務員提供的車窗導覽服務也很有趣，彷彿乘坐遊樂園的遊樂設施一樣好玩。

如何購買車票？

觀光列車的車票能在車站窗口、旅行社、列車官網、預約中心等處購得（預約）。有些列車僅限在官網預約。觀光列車大多是全車對號座。以JR為例，對號座券會在乘車日的1個月前上午10時開放購票。如果前月沒有相同數字的日期，則會於「乘車月的1日」起開放購票。

有效活用優惠票券

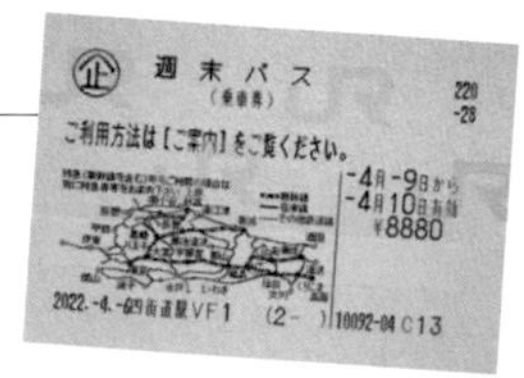

光是往返東京～長岡區間就很划算的「週末PASS」。兒童票的費用為2600円，超級便宜

根據不同行程，使用「青春18旅遊周遊券」這類各地發售的優惠票券，有時候會便宜很多。以JR東日本轄內為例，特別推薦可以在週六日、假日期間內使用的二日「週末PASS」（8880円），能無限搭乘JR東日本路線（大致為山形、宮城縣以南）以及信濃鐵道等14個鐵道公司線的普通列車。買特急券的話，還能搭乘新幹線。由於觀光列車大多在週六日、假日期間行駛，因此可說是最適合用於搭觀光列車遊覽的車票。「週末PASS」必須在使用的1天前以前購買。

人氣列車的車票要儘早購買

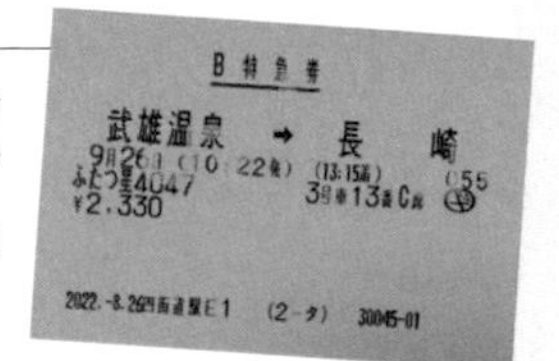

雙星4047的對號座券。因為剛推出不久，在1個月前開賣當天就完售

「瑰麗山海號」、「伊予灘物語」等熱門且座位數少的列車，可能出現在1個月前開放購票後幾分鐘內就完售的情況，或許也和旅行社搶在開賣時間點大量訂購座位有關。如果是購買JR車票，對號座券在使用前有一次機會免費更改搭乘日期、時刻及區間等，因此若要搭乘人氣列車最好儘早購買。

JR的對號座特急券、對號座綠色車廂券有退票手續費，乘車日的2天前以前為340円，不過若是在乘車日的1天前則會高達「車票費用的30%（最少340円）」，因此據說在乘車日的2～3天前較容易出現有人取消的情況。

也推薦活用旅遊產品

JR對號座券的開賣時間是1個月前，但是像「VIEW旅遊產品」也有能在2～3個月前開始「預約」的列車。雖然實際拿到對號座券也是在1個月前，不過旅行社能比個人優先取得票券。某些列車還有旅遊產品專用車廂，提供原創便當等的獨特服務也很吸引人。

「FruiTea福島號」僅作為旅遊產品來販售。需至JR東日本「愉快列車」預約網站預約

Bonus Column

搭乘列車 提案1 ── 從會津到鬼怒川的多采多姿轉乘之旅
FruiTea福島號／座席展望列車／SL大樹

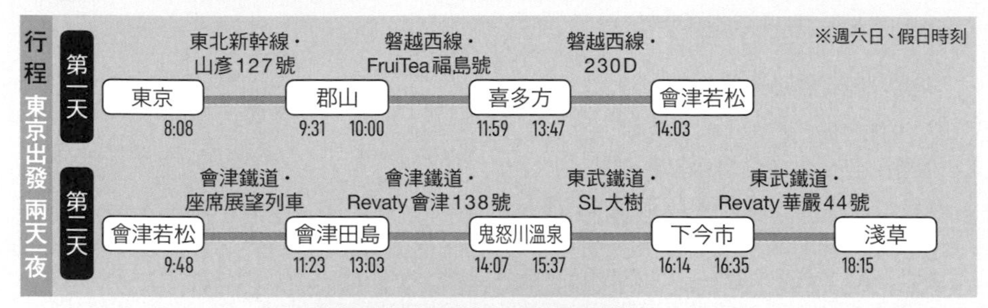

在FruiTea福島號的車廂內享用甜點

能在咖啡廳風格的車廂內享用甜點的FruiTea福島號，是旅遊產品限定的列車。

在終點站喜多方觀光之後，到會津若松住一晚。隔天搭乘會津鐵道的座席展望列車。

座席展望列車是擁有和式、觀景、小火車這幾種座位的有趣列車。一邊眺望阿賀川溪谷一邊南下，行經野岩鐵道前往鬼怒川溫泉。

接著搭乘的SL大樹是由C11型機關車牽引復古國鐵型客車。乘車時間雖然只有30多分鐘，卻能實際感受到昭和火車之旅的氛圍。

最後自下今市搭乘東武特急Revaty華嚴回東京。

在鬼怒川溫泉站等候出發的SL大樹

行駛於阿賀川溪谷的座席展望列車

搭乘列車 提案2 — 搭美食列車與SL周遊秩父
西武 旅行餐廳「52席的至福」／SL PALEO Express

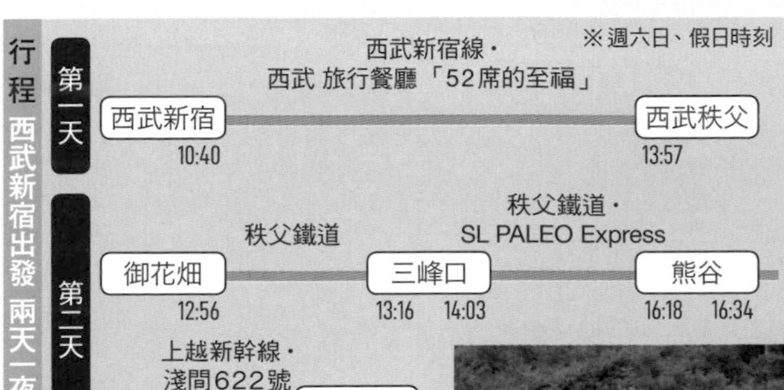

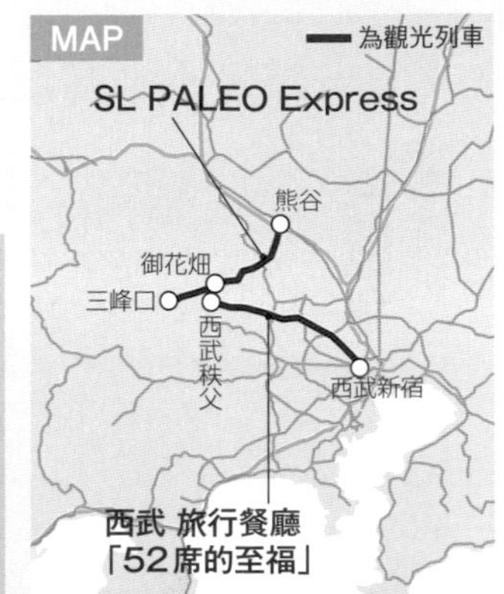

搭乘美食列車「52席的至福」從西武新宿站出發。全車座位是作為附餐套裝行程來販售，可以在車內的桌位座享用由名餐廳主廚監製的豪華全餐料理。

終點西武秩父站位於秩父鐵道御花畑站步行5分可至的地方。推薦在秩父住一晚，遊逛長瀞溪谷等處。也可以安排當天來回的行程。

返程在三峰口搭乘秩父鐵道的SL PALEO Express。享受到熊谷約2小時車程的SL體驗時光。

能享受道地料理的「西武 旅行餐廳『52席的至福』」

從西武秩父站的跨線橋眺望武甲山的視野良好

橫渡長瀞荒川鐵橋的SL PALEO Express

Bonus Column

搭乘列車 提案3 — 搭乘兩款附餐豪華列車沿著舊國鐵路線前進
越後心動度假列車 雪月花號／一萬三千尺物語

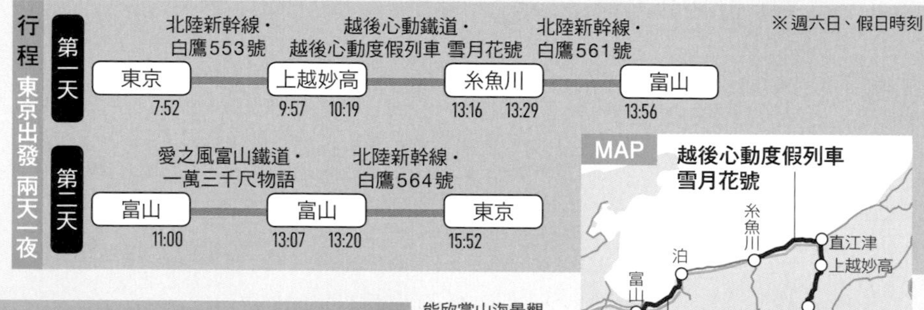

能欣賞山海景觀的「雪月花號」

行駛於富山平原的一萬三千尺物語

搭乘北陸新幹線前往上越妙高，再轉乘以該站為起站的「心動鐵」招牌列車 ── 越後心動度假列車 雪月花號（上午班次）。中途會路經折返線的二本木站，品嘗豪華餐點的同時，前往海拔510公尺的妙高高原。天氣好的話，妙高山景色會十分漂亮。

在這裡折返，從直江津沿著海岸「日本海翡翠線」前進。

隔日以富山為起點，搭乘一萬三千尺物語，往返行駛於富山～泊區間。一邊眺望立山連峰，一邊享受富山灣壽司全餐料理。最後搭乘午後的新幹線回東京。

一萬三千尺物語的吧檯座為靠山側，能望見北阿爾卑斯山

搭乘列車

提案4 — 四國的「物語列車」接續轉乘之旅

四國真中千年物語／志國土佐 時代黎明物語

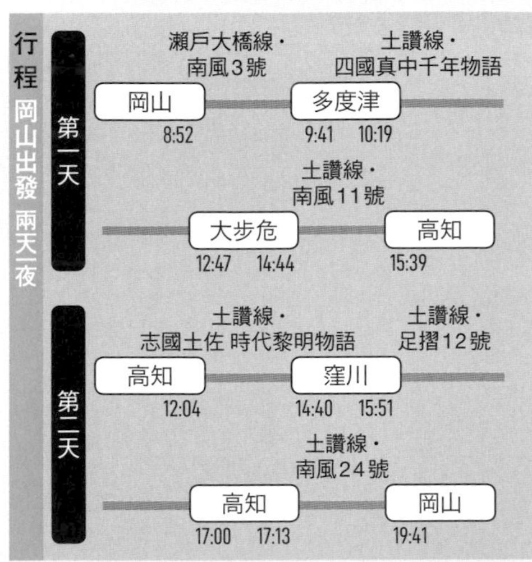

※週六日、假日時刻

MAP
為觀光列車
為一般列車
多度津
四國真中千年物語
大步危
高知
窪川
志國土佐 時代黎明物語

抵達安和站的志國土佐 時代黎明物語

抵達大步危站的四國真中千年物語

2號車廂SORA-FUNE是以科幻中的太空船為意象設計

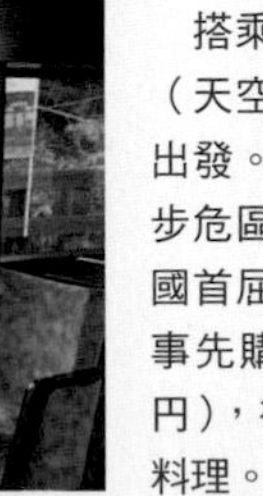

充滿度假感的舒適車廂空間

搭乘「四國真中千年物語」（天空之鄉紀行）從多度津站出發。能盡情享受大步危～小步危區間的吉野川溪谷等，四國首屈一指的車窗景觀。不妨事先購買餐點預約券（5600円），在車廂內品嘗精緻的西式料理。

在終點大步危漫步溪谷，在高知住一晚。翌日搭乘2020年登場的「志國土佐 時代黎明物語」（立志之抄）。這班列車也是凡購買餐點預約券（5000円），就能在車廂內品嘗豪華餐點。由於四國的「物語列車」都很受歡迎，建議儘早購買對號座券。

搭乘列車　提案5 — 搭乘兩款觀光列車周遊長門路
SL山口號／Marumaru no Hanashi

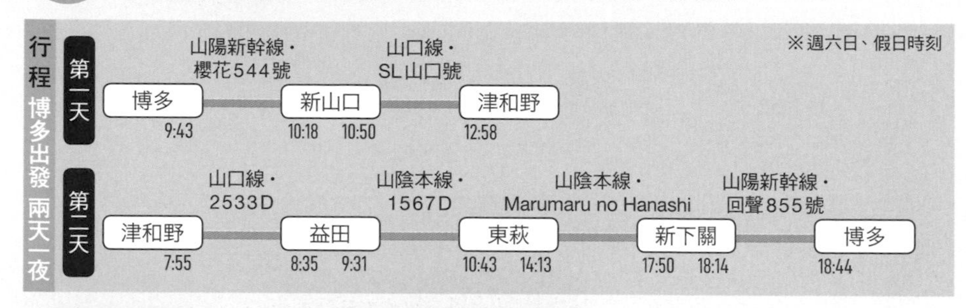

SL山口號。在山嶺附近的仁保站停靠10分鐘

Marumaru no Hanashi會在阿川站停靠約10分鐘。設有販售輕食的站舍咖啡廳

復刻活躍於戰後的OHA35車廂。木地板醞釀出復古懷舊的氛圍

搭乘新幹線自博多出發，前往新山口。坐上從國鐵時代行駛至今的人氣蒸汽機關車 — SL山口號。

客車廂是由5輛於2017年9月新打造的復古風格客車廂組成。列車會在仁保、地福稍作停靠，所以能下車到月台上觀察蒸汽機關車的模樣。

終點津和野也被稱作「山陰小京都」，是能看見舊時遺跡、歷史街道的觀光區，擁有山城的津和野城址等諸多景點。

隔日一早，搭乘山口線和山陰本線移動至東荻，觀光3小時左右。之後前去搭乘觀光列車「Marumaru no Hanashi」，行駛在山陰本線中海景特別漂亮的響灘沿岸。

搭乘列車

提案6 —搭乘觀景列車二度橫跨九州 由布院之森／阿蘇男孩！

行程 博多出發 當天來回

博多	久大本線・由布院之森3號	別府	豐肥本線・阿蘇男孩！	熊本	九州新幹線・瑞穗612號	博多
10:11		13:27 15:06		18:30 18:49		19:23

※週六日、假日時刻

金屬綠色車身的由布院之森

由布院之森的觀景室為共享空間

阿蘇男孩！有正面景觀的大全景座位

阿蘇男孩！使用散發復古氛圍的KIHA183系車廂

久大本線與豐肥本線是橫跨九州的山岳路線。沿線有不少九州代表性觀光勝地散布其中，車窗景觀也很漂亮。此為走完這兩條路線的行程方案。

搭乘由布院之森自博多出發，行經玖珠川、水分峠、由布岳前往東海岸。再從別府搭乘阿蘇男孩!，再次翻越九州山區。沿著海拔500公尺上下的阿蘇破火山口前進，行經立野站的三段式折返線，向下駛入熊本平原。這兩款列車的車窗風景變化都極為豐富。

在由布院、別府、阿蘇等處住一晚，規劃成兩天一夜的行程也很不錯。

索引 | 按照筆畫依序排列

A～M

N～Z

案5800円等

營運公司 長良川鐵道

洽詢處 0575-46-8021

①長野～十日町(信濃鐵道北信濃線、飯山線)②86.1km／約2小時40分③1～2輛(KIHA110型)④週六日、假日等／往返1班⑤乘車券1780円(長野～十日町)＋對號座券530円

營運公司 JR東日本

洽詢處 050-2016-1600 (JR東日本洽詢中心)

①熱海～伊豆急下田(伊東線、伊豆急行線)②62.6km(熱海～伊豆急下田)／約1小時20分③7輛(2100系)④每天／往返3～6班⑤乘車券1980円(熱海～伊豆急下田)

營運公司 伊豆急行

洽詢處 0557-53-1116

①長野～南小谷(篠之井線、大糸線)②132.8km／(往程)約4小時20分、(返程)約3小時10分③2輛(HB-E300系)④週五六日、假日等／往返1班⑤乘車券2310円(長野～南小谷)＋對號座券530円

營運公司 JR東日本

洽詢處 050-2016-1600 (JR東日本洽詢中心)

①秋田～弘前、青森(五能線、奧羽本線)②247.6km(秋田～青森)／約5小時③4輛(KIHA48系或HB-E300系)④主要為週五六日、假日。4月～11月為幾乎每天／往返3班⑤乘車券4510円(秋田～青森)＋對號座券530円

營運公司 JR東日本

洽詢處 050-2016-1600 (JR東日本洽詢中心)

①輕井澤～長野②74.4km／約2小時15分③3輛(115系)④週一五六日、假日等(全年約200天)／2～3班⑤西式全餐、日式全餐皆為15800円；午間全餐9800円。憑乘車券＋對號座券(1020円)也能搭乘

營運公司 信濃鐵道

洽詢處 0268-21-3470

①岡山～津山②58.7km／約1小時10分③1輛(KIHA40系)④週六日、假日等／往返2班⑤乘車券1170円(岡山～津山)＋對號座券530円

營運公司 JR西日本

洽詢處 0570-00-2486 (JR西日本客服中心)

①東京～伊豆急下田(東海道本線、伊東線等)②167.2km／約2小時30分～3小時③8輛(E261系)④往返1～2班(每天至少往返1班)⑤乘車券3960円(東京、新宿～伊豆急下田)＋特急券／綠色車廂券5850円(搭乘綠色車廂時)

營運公司 JR東日本

洽詢處 050-2016-1600 (JR東日本洽詢中心)

①熊谷～三峰口②56.8km／(下行)2小時40分、(上行)2小時15分③4輛(12系)＋C58型363號機關車④3月～12月的週六日、假日、長假等／往返1班⑤乘車券960円(熊谷～三峰口)＋SL對號座券740円

營運公司 秩父鐵道

洽詢處 048-580-6363 (秩父鐵道運輸課)

①熊本～鳥栖(鹿兒島本線)②89.8km／約2小時50分③3輛(50系)＋8620型58654號機關車④週六日、假日等／往返1班⑤乘車券1680円(熊本～鳥栖)＋對號座券1680円

營運公司 JR九州

洽詢處 0570-04-1717 (JR九州服務中心)

①下今市～鬼怒川溫泉②12.4km／約35分③3輛(14系)＋C11型207號機關車＋YO8000(車掌車)＋DE10型機關車等(視日程變動)④幾乎每天發車／往返1～4班⑤乘車券260円(下今市～鬼怒川溫泉)＋座席對號座券760円

營運公司 東武鐵道

洽詢處 03-5962-0102 (東武鐵道客服中心)

13 SL大樹「Futara」■關東 ……………………51

①東武日光～下今市～鬼怒川溫泉②19.5km／約1小時③3輛（14系）＋C11型207號機關車＋YO8000（車掌車）＋DE10型機關車等④主要為平日／往返1班⑤乘車券320円（東武日光～鬼怒川溫泉）＋座席對號座券1080円

營運公司 東武鐵道

洽詢處 03-5962-0102（東武鐵道客服中心）

59 快速 SL山口號■中國 ……………………110

①新山口～津和野（山口線）②62.9km／約2小時③5輛（35系）＋C57型1號機關車或D51型200號機關車④3月～11月的週六日、假日等／往返1班⑤乘車券1170円（新山口～津和野）＋對號座券530円

營運公司 JR西日本

洽詢處 0570-00-2486（JR西日本客服中心）

29 SL川根路號■中部 ……………………78

①新金谷～千頭②37.2km／約1小時15分③3～7輛（OHA35型、OHA47型等）＋C10型8號機關車、C11型190號機關車等④幾乎每天（全年有300天以上。有停駛日）／往返1～3班⑤乘車券1750円（新金谷～千頭）＋SL急行券1000円

營運公司 大井川鐵道

洽詢處 0547-45-4112

2 SL冬季濕原號■北海道 ……………………36

①釧路～標茶（釧網本線）②48.1km／約1小時30分③5輛（14系、43系、44系）＋C11型171號機關車④主要為1月下旬～3月下旬／往返1班⑤乘車券1290円（釧路～標茶）＋對號座券1680円

營運公司 JR北海道

洽詢處 011-222-7111（JR北海道電話服務中心）

20 SL真岡■關東 ……………………64

①下館～茂木②41.9km／約1小時30分③3輛（50系）＋C12型66號機關車④週六日、假日等／往返1班⑤乘車券1050円（下館～茂木）＋SL整理券500円

營運公司 真岡鐵道

洽詢處 0285-84-2911

16 快速 SL群馬 水上■關東 ……………………54

①高崎～水上（上越線）②59.1km／約2小時③6輛（12系）＋C61型20號機關車等④週六日、假日等（不定期）／往返1班⑤乘車券990円（高崎～水上）＋對號座券530円

營運公司 JR東日本

洽詢處 050-2016-1600（JR東日本洽詢中心）

17 快速 SL群馬 橫川■關東 ……………………56

①高崎～橫川（信越本線）②29.7km／約1小時③6輛（12系）＋C61型20號機關車等④週六日、假日等（不定期）／往返1班⑤乘車券510円（高崎～橫川）＋對號座券530円

營運公司 JR東日本

洽詢處 050-2016-1600（JR東日本洽詢中心）

10 快速 SL銀河號■東北 ……………………48

①花卷～釜石（釜石線）②90.2km／（下行）約4小時30分、（上行）5小時30分③4輛（KIHA141系）＋C58型239號機關車④2天往返1班（週六為下行、週日為上行）。行駛期間視年度而異⑤乘車券1690円（花卷～釜石）＋對號座券840円

營運公司 JR東日本

洽詢處 050-2016-1600（JR東日本洽詢中心）

70 THE RAIL KITCHEN CHIKUGO■九州 ……129

①西鐵福岡（天神）⇔花畑、西鐵福岡（天神）→大牟田②74.8km（西鐵福岡［天神］～大牟田）／約2小時30分③3輛（6050系）④週四五六日、假日／2班⑤品嘗在地美食的稍早午餐、品嘗在地美食的稍晚午餐（皆為8800円）

營運公司 西日本鐵道

洽詢處 092-734-1903（西鐵旅行（株）天神分店 THE RAIL KITCHEN CHIKUGO預約中心）

5 TOHOKU EMOTION號■東北 ……………………38

①八戶～久慈（八戶線）②64.9km／約1小時50分③3輛（KIHA110系）④週六日、假日等／往返1班⑤附午餐全餐（往程）8600円～、附甜點自助吧（返程）5100円～

營運公司 JR東日本

洽詢處 03-6231-7389（「愉快列車」客服中心）

52 特急 WEST EXPRESS 銀河■中國 ……………98

①紀南路線（京都～新宮）等②315.5km／（下行）約12小時20分、（上行）約11小時③6輛（117系）④每週往返2班左右⑤與住宿費用成套販售。詳情請至官網確認

營運公司 JR西日本

洽詢處 0570-00-2486（JR西日本客服中心）

78 YUSUGE號■九州 ……141

①中松～高森②7.1km／約20分③4輛（TORA700型等）＋DB16型機關車④春假、暑假、3月～11月的週六日、假日等／往返4班⑤800円（中松～高森）

營運公司 南阿蘇鐵道

洽詢處 0967-62-0058

一～五畫

28 一萬三千尺物語■中部 ……74

①1號：富山～泊～富山／2號：富山～高岡～黑部～富山②（1號）98.2km／約2小時、（2號）101.2km／約2小時30分③3輛（413系）④週六日、部分假日／往返2班⑤一般方案13000円、附伴手禮方案15000円

營運公司 愛之風富山鐵道

洽詢處 0120-489-130（平日10時～17時）

41 急行 大正浪漫號■中部 ……82

①惠那～明智②25.1km／約1小時③2～3輛（AKECHI10型）④週一除外／1班（僅下行）⑤2500～5500円 ※視料理變動，附一日乘車券

營運公司 明知鐵道

洽詢處 0573-54-4101

15 小火車WASSHI號■關東 ……53

①桐生～間藤②44.1km／約1小時30分～1小時50分③2輛（WKT-550型、WKT-510型）④週六日、假日、紅葉季節的平日等／往返2班（冬季為僅假日／往返1班）⑤乘車券1130円（桐生～間藤）＋小火車整理券520円

營運公司 渡良瀨溪谷鐵道

洽詢處 0277-73-2110

14 小火車渡良瀨溪谷號■關東 ……52

①大間間～足尾②35.5km／約1小時40分③4輛（WA99型）＋DE10型機關車④4月～11月的週六日、假日、紅葉季節的平日等／往返1班⑤乘車券940円（大間間～足尾）＋小火車整理券520円

營運公司 渡良瀨溪谷鐵道

洽詢處 0277-73-2110

48 丹後赤松號■近畿 ……96

①西舞鶴～天橋立②29.1km／50分～1小時③1輛（KTR700型）④週六日、假日／往返2班（共4班）⑤乘車券650円（西舞鶴～天橋立）＋乘車整理券550円

營運公司 京都丹後鐵道

洽詢處 570-200-770（「WILLER TRAVEL」預約中心）

49 丹後青松號■近畿 ……96

①西舞鶴～網野、豐岡②83.6km（西舞鶴～豐岡）／2小時～2小時40分③1輛（KTR700型）④每天／4班⑤乘車券650円（西舞鶴～天橋立）

營運公司 京都丹後鐵道

洽詢處 0772-22-3307（宮津站）

46 丹後黑松號■近畿 ……92

①福知山～天橋立、天橋立～西舞鶴②34.8km（福知山～天橋立）、29.1km（天橋立～西舞鶴）／1小時1分～1小時45分③1輛（KTR700型）④週五六日、假日／3班⑤早餐行程5800円、午餐行程13000円、甜點行程4800円

營運公司 京都丹後鐵道

洽詢處 0570-200-770（「WILLER TRAVEL」預約中心）

54 快速 天地■中國 ……104

①鳥取～出雲市（山陰本線）②154.3km／約3小時50分③2輛（KIRO47型）④週六日、部分週一／往返1班⑤乘車券2640円＋綠色車廂券1990円（鳥取～出雲市）

營運公司 JR西日本

洽詢處 0570-00-2486（JR西日本客服中心）

51 天空■近畿 ……96

①橋本～極樂橋②19.8km／約40分③對號座車2輛（2200系）＋自由座車2輛，總計4輛行駛④（3月～11月）週三四除外每天行駛，（12月～2月）週六日、假日／往返2班⑤乘車券450円（橋本～極樂橋）＋對號座券520円 ※對號座需在乘車日的前1～10天內電話預約

營運公司 南海電鐵

洽詢處 0120-151-519（天空預約中心）

33 特急 北信濃Wine VALLEY列車■中部 …80

①長野～湯田中②33.2km／約1小時20分③4輛（1000系）④週六日、假日等／往返1班⑤6000

円(2名以下時+1000円)
營運公司 長野電鐵
洽詢處 026-348-6000

①多度津～大步危(土讚線)②65.5km/約2小時30分③3輛(KIRO185系)④週六日、假日等/往返1班⑤乘車券1300円+特急券/綠色車廂券2700円(多度津～大步危)
營運公司 JR四國
洽詢處 0570-00-4592(JR四國客服中心)

①宇和島～窪川(予土線)②82.2km/2小時6分～2小時33分③2輛(KIHA54型、TORA45000型)④主要為春假、黃金週、暑假，以及秋季的週六日、假日/往返1班⑤乘車券1870円(宇和島～窪川)+對號座券530円
營運公司 JR四國
洽詢處 0570-00-4592(JR四國電話服務中心)

①博多～由布院、別府(久大本線)②134.8km(博多～由布院)/約2小時10分③[由布院之森I世]4輛(KIHA70型)、[由布院之森III世]5輛(KIHA72型)④每天/往返3班⑤乘車券2860円+對號座特急券2330円(博多～由布院)
營運公司 JR九州
洽詢處 0570-04-1717(JR九州服務中心)

六～十畫

①松山～伊予大洲、八幡濱(予讚線)②68.4km(松山～八幡濱)/約2小時20分③3輛(KIRO185系)④週六日、假日等/4班⑤乘車券1300円+特急券/綠色車廂券2700円(松山～八幡濱)
營運公司 JR四國
洽詢處 0570-00-4592(JR四國電話服務中心)

①池袋、西武新宿～西武秩父等②76.8km(池袋～西武秩父)/約2小時30分～3小時③4輛(52型)④週六日、假日等(全年約100天)/往返1班⑤早午餐行程10000円、晚餐行程15000円 ※2名起可預約(請至官網)
營運公司 西武鐵道
洽詢處 04-2996-2888(西武鐵道客服中心)

①熊本～三角(三角線)②36.5km/約50分③2輛(KIHA185系)④週六日、假日、長假等/往返3班⑤乘車券760円+對號座特急券1280円(熊本～三角)
營運公司 JR九州
洽詢處 0570-04-1717(JR九州服務中心)

①高知～窪川(土讚線)②72.1km/約2小時40分③2輛(KIHA185系)④週六日、假日等/往返1班⑤乘車券1470円+特急券/綠色車廂券2500円(高知～窪川)
營運公司 JR四國
洽詢處 0570-00-4592(JR四國電話服務中心)

①五井～養老溪谷②34.9km(五井～養老溪谷)/約2小時③4輛(HA100型)+DB4型機關車④3月～12月的週六日、假日、紅葉時期等/(平日)往返1班，(週六日、假日)往返3班⑤乘車券1280円(五井～養老溪谷)+小火車整理券600円
營運公司 小湊鐵道
洽詢處 0436-21-6771

①金澤～和倉溫泉(七尾線)②71.0km/約1小時20分③2輛(KIHA48型)④週五六日、假日等/往返2班⑤乘車券1410円+對號座特急券1390円(金澤～和倉溫泉)
營運公司 JR西日本
洽詢處 0570-00-2486(JR西日本客服中心)

①熊本～別府(豐肥本線、日豐本線)②160.1km/約3小時25分③4輛(KIHA183系)④週六日、假日、長假等/往返1班⑤乘車券3300円+對號座特急券2730円(熊本～別府)
營運公司 JR九州
洽詢處 0570-04-1717(JR九州服務中心)

30 南阿爾卑斯阿布特線■中部……79
①千頭～井川②25.5km／約1小時50分③3～8輛(SUROFU300等)＋ED90型電力機關車＋DD20型柴油機關車④每天／往返4～5班⑤乘車券1340円(千頭～井川)
營運公司 大井川鐵道
洽詢處 0547-45-4112

76 特急 指宿之玉手箱■九州……140
①鹿兒島中央～指宿(指宿枕崎線)②45.7km／約50分③2輛(KIHA47型)④每天／往返3班⑤乘車券1020円＋對號座特急券1280円(鹿兒島中央～指宿)
營運公司 JR九州
洽詢處 0570-04-1717(JR九州服務中心)

3 流冰物語號■北海道……36
①網走～知床斜里(釧網本線)②37.3km／約1小時③2輛(KIHA40型)④1月下旬～2月下旬／往返2班⑤乘車券970円(網走～知床斜里)＋對號座券530円(也有自由座)
營運公司 JR北海道
洽詢處 011-222-7111(JR北海道電話服務中心)

43 觀光特急 島風號■近畿……84
①大阪難波、京都、近鐵名古屋～賢島②176.9km(大阪難波～賢島)／約2小時23分③6輛(50000系)④1週6天(大阪難波起訖為週二停駛，京都起訖為週三停駛，近鐵名古屋起訖為週四停駛)／各往返1班 ※可能由於車廂維護等情況未經預告逕行變動⑤乘車券2350円＋特急券1640円＋島風特別車廂費用1050円(大阪難波～賢島)
營運公司 近畿日本鐵道
洽詢處 050-3536-3957(近鐵電車客服中心)

74 島鐵 CAFE TRAIN■九州……136
①諫早～島原②40.5km／2小時③2輛(KIHA2500型)④週六日、假日等，不定期行駛／1班⑤午餐行程、甜點行程皆為6000円(附島原→諫早的返程乘車券)
營運公司 島原鐵道
洽詢處 0957-62-4705

11 座席展望列車■東北……48
①會津若松～會津田島②45.1km／1小時30分③2輛(AT351[小火車車廂]、AT401[和式／觀景座位車廂])④主要為4月中旬～11月的週六日、假日／往返1.5班⑤乘車券1690円(會津若松～會津田島)＋和式／小火車座位指定券400円
營運公司 會津鐵道
洽詢處 0242-28-5885

47 海之京都列車■近畿……94
①福知山～宮津、西舞鶴～豐岡②30.4km(福知山～宮津)／約1小時、83.6km(西舞鶴～豐岡)／約2小時10分③各1輛(MF100型、KTR800型)④每天／班次數視日期變動⑤乘車券700円(福知山～宮津)
營運公司 京都丹後鐵道
洽詢處 0570-200-770(「WILLER TRAVEL」預約中心)

6 快速 海里號■東北……40
①新潟～酒田(白新線、羽越本線)②168.2km／約2小時30分～3小時30分(視時期而異)③4輛(HB-E300系)④(3～11月)主要為週五六日、假日；(12～2月)主要為週六日、假日／往返1班⑤乘車券3080円(新潟～酒田)＋對號座券840円
營運公司 JR東日本
洽詢處 050-2016-1600(JR東日本洽詢中心)

80 特急 海幸山幸■九州……141
①宮崎～南鄉(日南線)②55.6km／約1小時30分③2輛(KIHA125型)④週六日、假日、長假等／往返1～2班⑤乘車券1310円＋自由座特急券600円(宮崎～南鄉)
營運公司 JR九州
洽詢處 0570-04-1717(JR九州服務中心)

67 海洋堂Hobby列車■四國……124
①宇和島～近永、窪川(予土線)②82.2km(宇和島～窪川)／2小時5分～2小時35分③1輛(KIHA32型)④每天(逢檢查、維護等時，改以一般車廂行駛)／往返2班⑤乘車券1870円(宇和島～窪川)
營運公司 JR四國
洽詢處 0570-00-4592(JR四國電話服務中心)

68 特急36＋3■九州……126
①九州全區②視週幾變動③6輛(787系)④1週行駛5天⑤博多～鹿兒島中央的午餐方案(5、6號車)23000円～等

營運公司 JR九州

洽詢處 092-474-2217（ARU列車、36＋3洽詢窗口）

※營業時間為9時30分～17時。週二、過年期間休

36 能登里山里海號■中部……81
①七尾～穴水②33.1km／約1小時③2輛(NT301、NT302)④目前為週六日、假日行駛／往返2.5班⑤[乘車方案]乘車券850円(七尾～穴水)＋乘車整理券500円／(甜點方案)乘車方案＋1530円／(壽司御膳方案)乘車方案＋2550円

營運公司 能登鐵道

洽詢處 0768-52-2300

十一畫以上

1 釧路濕原慢車號■北海道……30
①釧路～塘路（釧網本線）②27.2km ／約45分③4輛（慢客車）＋DE10型機關車④4月下旬～10月中旬／往返1～2班 ※行駛日需至JR北海道官網確認⑤乘車券640円（釧路～塘路）＋對號座券840円（也有自由座）

營運公司 JR北海道

洽詢處 011-222-7111（JR北海道電話服務中心）

39 特急 富士山View特急■中部……82
①大月～河口湖②26.6km／約50分③3輛(8500系)④每天／往返2班 ※甜點方案列車為僅週六日、假日⑤甜點方案4900円

營運公司 富士急行

洽詢處 0555-73-8181

4 富良野・美瑛慢車號■北海道……36
①旭川、美瑛～富良野(富良野線)②54.8km(旭川～富良野)／約1小時30分③3輛(慢客車)＋DE15型機關車④6月～9月的週六日、假日(6月下旬～8月下旬為每天)／往返3班⑤乘車券1130円(旭川～富良野)＋對號座券840円(也有自由座)

營運公司 JR北海道

洽詢處 011-222-7111（JR北海道電話服務中心）

24 快速 越乃Shu＊Kura號■中部……66
①上越妙高～十日町(越後心動鐵道、信越本線等)②127.6km／(往程)約2小時30分、(返程)約3小時50分③3輛(KIHA40、48型)④4月～11月的週五六日、假日等／往返1班⑤附餐旅遊產品(7300円～)

營運公司 JR東日本

洽詢處 050-2016-1600（JR東日本洽詢中心）

25 越後心動度假列車 雪月花號■中部……14・68
①上越妙高～妙高高原～糸魚川②103.8km／約3小時③2輛(ET122型)④週六日、假日等／1天2班(冬季為1天1班)⑤上、下午班次皆為24800円(特別地區援助方案29800円)

營運公司 越後心動鐵道

洽詢處 025-543-8988（越後心動度假列車 雪月花號洽詢中心）

27 黑部峽谷小火車■中部……72
①宇奈月～欅平②20.1km／約1小時20分③約13輛(1000型、3100型等)＋ED型機關車重聯④4月下旬～11月的每天(可能視積雪狀況變動)／往返約15班(視季節變動)⑤乘車券1980円(宇奈月～欅平單程)※逍遙車廂券(530円)另計

營運公司 黑部峽谷鐵道

洽詢處 0765-62-1011

56 奧出雲大蛇號■中國……110
①木次～備後落合(木次線)※部分日程有延長自出雲市的單程路線②60.8km(木次～備後落合)／約2小時30分③2輛(12系等)＋DE10型機關車④4月～11月的週五六日、假日、暑假與紅葉季節的平日等／往返1班⑤乘車券1170円(木次～備後落合)＋對號座券530円

營運公司 JR西日本

洽詢處 0570-00-2486（JR西日本客服中心）

50 嵯峨野遊覽小火車■近畿……96
①小火車嵯峨～小火車龜岡②7.3km／約25分③5輛(SK100型、SK200型、SK300型)＋DE10型機關車④不定休(需至官網確認)，可能有部分停駛。視季節可能加開臨時列車⑤全區間880円(對號座乘車券)

營運公司 嵯峨野觀光鐵道

洽詢處 075-861-7444

65 慎太郎號・彌太郎號■中國……124
①高知、後免～安藝、奈半利②42.7km(後免～

奈半利)／約1小時30分③1～2輛(9640型)④每天／往返1班⑤乘車券1080円(後免～奈半利)

營運公司 土佐黑潮鐵道

洽詢處 0887-34-8800

9 暖爐列車■東北……48

①津輕五所川原～津輕中里②20.7km／約50分③2～4輛(OHAFU33型、OHA46型)＋津輕21型氣動車＋DD35型機關車(有可能未聯結機關車)④12月～3月每天／往返2～3班⑤乘車券870円(津輕五所川原～津輕中里)＋暖爐列車券500円

營運公司 津輕鐵道

洽詢處 0173-34-2148

35 快速 瑰麗山海號■中部……81

①礪波、新高岡～冰見、高岡～城端(冰見線、城端線)②18.3km(新高岡～冰見)／約1小時③1輛(KIHA40型)④週六日／往返2班⑤乘車券330円(新高岡～冰見)＋對號座券530円

營運公司 JR西日本

洽詢處 0570-00-2486(JR西日本客服中心)

75 快速 橙食堂■九州……138

①新八代、八代～川內②119.7km(新八代～川內)／約4小時③2輛(HSOR-100A型)④週五六日、假日／1天3班⑤第1班早餐4000円，第2班特製午餐22000円，第3班夕陽晚餐(冬季班次)10000円、(夏季班次)15000円／僅乘車方案(乘車車資＋座席指定券)

營運公司 肥薩橙鐵道

洽詢處 0996-63-6861(橙鐵道預約中心)

64 藍吉野川小火車■四國……124

①德島～阿波池田(德島線)②74.0km／約2小時30分③2輛(KIHA185型、KIKUHA32型)④週六日、假日等／往返1班⑤乘車券1660円(德島～阿波池田)＋對號座券530円

營運公司 JR四國

洽詢處 0570-00-4592(JR四國電話服務中心)

71 特急 雙星4047■九州……4·130

①武雄溫泉～長崎②106.1km(上午)、105.4km(下午)③3輛(KIHA40型、KIHA47型)④週一五六日、假日／2班⑤乘車券1850円＋對號座特急券2330円(武雄溫泉→長崎)

營運公司 JR九州

洽詢處 0570-04-1717(JR九州服務中心)

66 鐵道Hobby列車■四國……124

①宇和島～近永、江川崎、窪川(予土線)②82.2km(宇和島～窪川)／2小時5分～2小時46分③1輛(KIHA32型)④每天(逢檢查、維護等時，改以一般車廂行駛)／往返2班⑤乘車券1870円(宇和島～窪川)

營運公司 JR四國

洽詢處 0570-00-4592(JR四國電話服務中心)

26 急行 觀光急行■中部……19·70

①直江津～糸魚川、市振②59.3km(直江津～市振)／約1小時30分③3輛(455系、413系)④週六日、假日等／往返2班⑤乘車券1310円(直江津～市振)＋急行券500円

營運公司 越後心動鐵道

洽詢處 025-543-3160(直江津站)

【日本鐵道系列 2】

日本觀光列車80選
套裝行程精選特輯

作者／谷崎龍
翻譯／李詩涵
編輯／蔣詩綺
發行人／周元白
出版者／人人出版股份有限公司
地址／23145新北市新店區寶橋路235巷6弄6號7樓
電話／(02) 2918-3366（代表號）
傳真／(02) 2914-0000
網址／http://www.jjp.com.tw
郵政劃撥帳號／16402311 人人出版股份有限公司
製版印刷／長城製版印刷股份有限公司
電話／(02) 2918-3366（代表號）
香港經銷商／一代匯集
電話／(852) 2783-8102
第一版第一刷／2023年8月
定價／新台幣380元
港幣127元

國家圖書館預行編目資料

日本觀光列車80選：套裝行程精選特輯 /
谷崎龍著；李詩涵翻譯. --第一版. --
新北市：人人出版股份有限公司，2023.08

面；公分. --（日本鐵道系列；2）

譯自：日本観光列車ガイド. 2023
ISBN 978-986-461-345-8（平裝）

1.CST：火車旅行　2.CST：日本

731.9　　112012418